太极

功法二十四势

于子顺 编著

河南科学技术出版社
· 郑州 ·

图书在版编目(CIP)数据

太极功法二十四势 / 于子顺编著. — 郑州：河南科学技术出版社，2016.1

ISBN 978-7-5349-7354-3

Ⅰ.①太… Ⅱ.①于… Ⅲ.①太极拳—基本知识 Ⅳ.①G852.11

中国版本图书馆CIP数据核字（2015）第200866号

太极功法二十四势　　于子顺 编著

出版发行：河南科学技术出版社
地址：郑州市经五路 66 号　　邮编：450002
电话：（0371）65737028　65788633
网址：www.hnstp.cn
策划编辑：韩雅楠
责任编辑：韩雅楠
责任校对：张景琴
封面设计：朱　婧
责任印制：张艳芳
印　　刷：郑州瑞光印务有限公司
经　　销：全国新华书店
幅面尺寸：140 mm × 230 mm　印张：4　字数：150 千字
版　　次：2016 年 1 月第 1 版　2016 年 1 月第 1 次印刷
定　　价：24.00 元（赠送 DVD 光盘）

王培生先生练功照

王培生先生（前排中）与张耀忠（前排左）、茹世宝（前排右）、于子顺（后排左）、段留成（后排右）合影

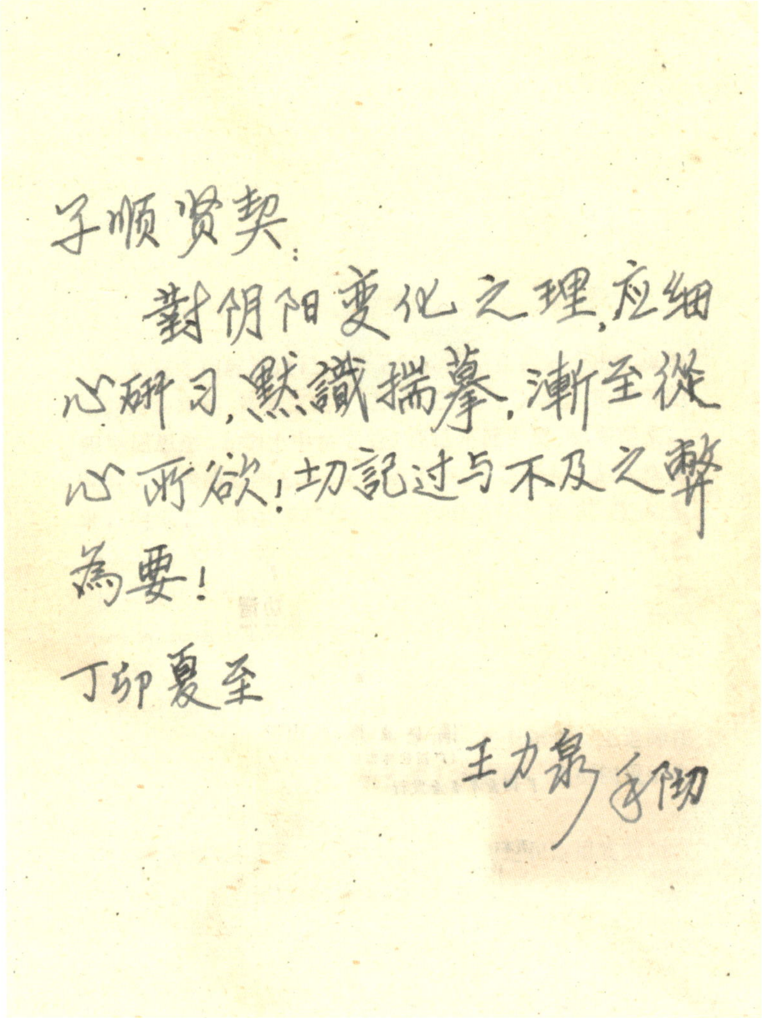
子顺贤契：

对阴阳变化之理，应细心研习，默识揣摹，渐至从心所欲！切記过与不及之弊為要！

丁卯夏至

王力泉

王培生先生为弟子于子顺赠言

（王培生，1919—2004，名力泉，号印诚）

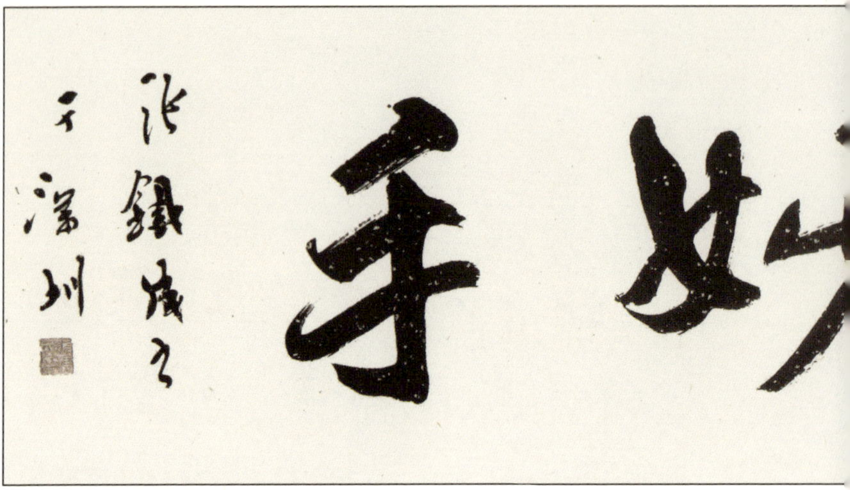

张铁成教授为于子顺先生题字

于子顺先生（右）与当代杰出书法家白云观道长潘锋先生（左）交谈修炼太极的感受

于子顺先生（前右）和夫人（前左）与众弟子合影
刘和平（后排右三）、李保国（后排左二）、秦学章（二排右一）、寿文秀（二排左二）、董海泉（二排左一）、郜卫东（后排右一）、高娟（二排右二）、马帅（后排左一）、李兰修（后排右二）、王拥军（后排左三）

后排左起：李晨军、张学宁、刘和平、秦学章、高娟、于海华、王拥军、张正平、王新生、张仁意、李兰修、何天国、金凯、吴希贤、寿文秀、郜卫东、马帅、李保国、侯庆福。前排左起：吴文云、于子顺

于子顺先生与部分学员合影

于子顺先生在指导学员练习太极功法二十四势

新学员在学练太极功法二十四势

作者简介

于子顺，大学毕业，高级政工师，自幼喜爱武术，跟随舅父赵国忠，练习八卦、燕青手和喝太阳功等，参加解放军后练习擒敌拳、匍匐拳，研究擒拿格斗，练习意拳（大成拳）时，得到了意拳大师王玉芳先生的指点。而后又拜王培生先生为师，入吴式太极门习吴式太极拳，接受王老师指导，聆听王老师的教诲，使得作者对吴式太极拳的“神领、意催、气运身”，阴阳互变的揉化特点和一接点中求，一动一太极，身上无点不弹簧等，深得其奥妙，加上自身勤学苦练，受益匪浅。

作品《吴式太极拳三十七势》在河南科学技术出版社出版发行。

现为焦作市吴式太极拳学会名誉会长兼吴式太极拳总教练，中国武术协会会员，一级拳师，一级社会指导员。

前言

太极功法二十四势，是以太极拳一动一太极的阴阳之理和用意不用力的要求，结合吴式太极拳的“神领、意催、气运身”的特点，将太极拳的功法和易筋经、一指禅、燕青手的喝太阳功与大成拳的桩功等整理而成，具有气感强，上功快，不易出偏，通经络，强身健体，能治疗多种慢性疾病等特点，是锻炼身体和太极拳爱好者的必备功法。

在功法的编排中，考虑人体特点、训练强度、难易程度，程序编排由简到难，再由难到简，由弱到强，再由强到弱。同时将太极拳术爱好者对推手活动的修炼，将掤、捋、挤、按、采、挒、肘、靠八种劲的修炼功法，和浑身无手、浑身是手、浑身无处不弹簧的训练要求进行了合并整理。但太极文化历史渊源流长，内容丰富，博大精深，远不止此，还望各位喜爱太极拳的同好能潜心修炼，用时间来沉淀积累太极文化。为了使广大读者更易理解、更快掌握书中内容，我尽量用最通俗易懂的语言编写这本书，因水平有限，如有不当之处敬请校正。同时对吴文云、于海华、杨少者在摄影和图片整理及董海泉在资料整理工作中的积极配合，郜卫东提供光盘中的影像资料表示真诚的感谢。

于子顺

2014年9月9日

目录

第1章

法势称
功四
极十
太二名

预备势（热身法）

第一势　起势

第二势　捧球势

第三势　胸前双立掌

第四势　双撑臂

第五势　托天势

第六势　大推托

第七势　高捧球

第八势　前推势

第九势　前撑势

第十势　胸前双勾手

第十一势　扶按势

第十二势　托扶势

第十三势　摘星换斗

第十四势　倒拽九牛尾

第十五势　九鬼拔马刀

第十六势　青龙探爪

第十七势　鸟飞势

第十八势　六球找合势

第十九势　伸筋拔骨

第二十势　大鹏展翅

第二十一势　大鹏亮翅

第二十二势　大鹏后翻翅

第二十三势　分水势

第二十四势　浑圆势

收势

第2章

太极功法二十四势动作图解及练功心法

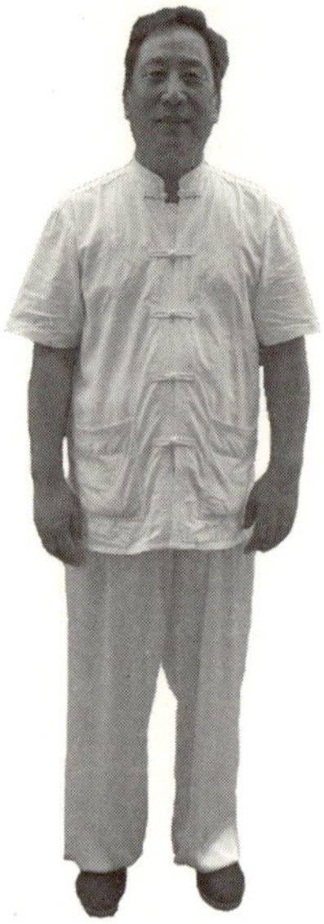

①

预备势（热身法）

两脚平行自然站立，两手自然下垂，两目视正前方，面要正，颈要直。①

预备势（热身法）

先想肩井穴、曲池穴，再想少海穴。②

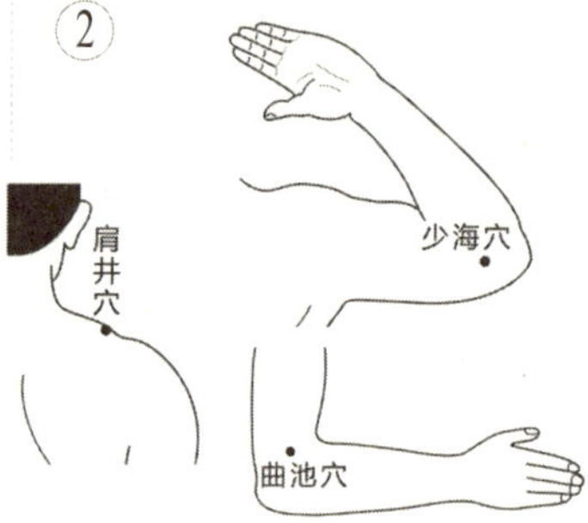

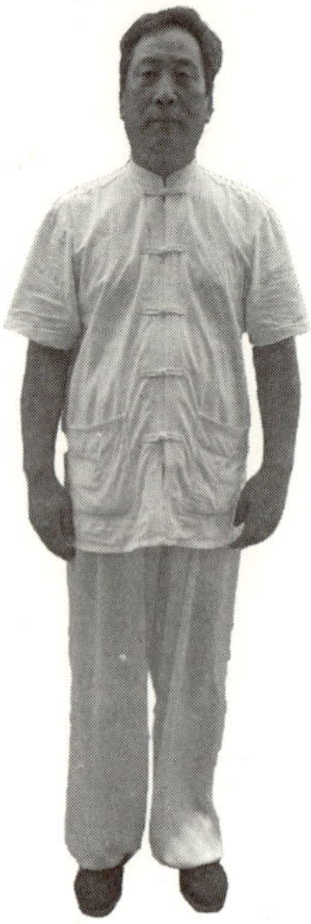

②

预备势（热身法）

先想后溪穴，然后逐渐想后溪穴上找列缺穴。③

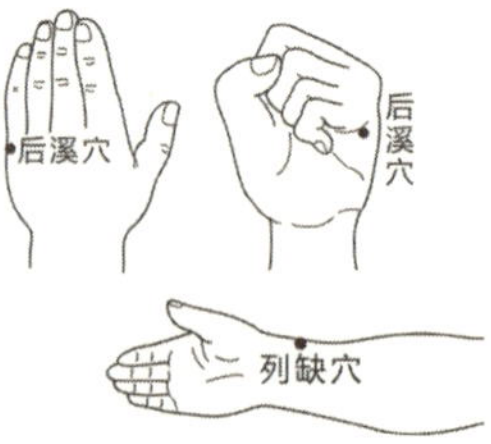

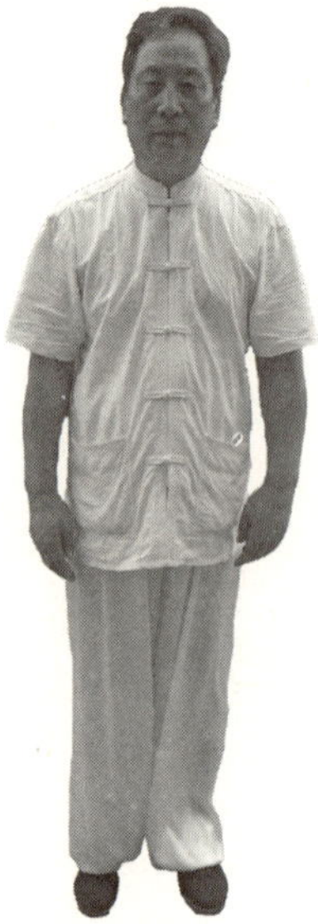

③

第一势　起势

两脚平行站立，两手自然下垂，两目视正前方。④

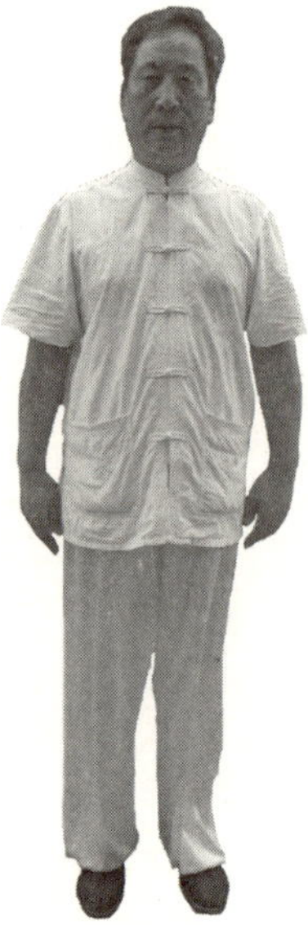

④

①
②
③
④

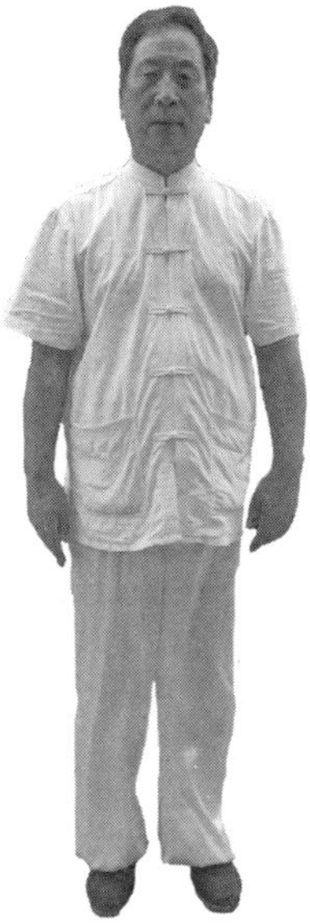

⑤

第一势　起势

两目逐渐转视右前方，使身体的重心随着转向右脚。⑤

第一势　起势

左脚虚起，向左漂去，脚踇趾接地。⑥

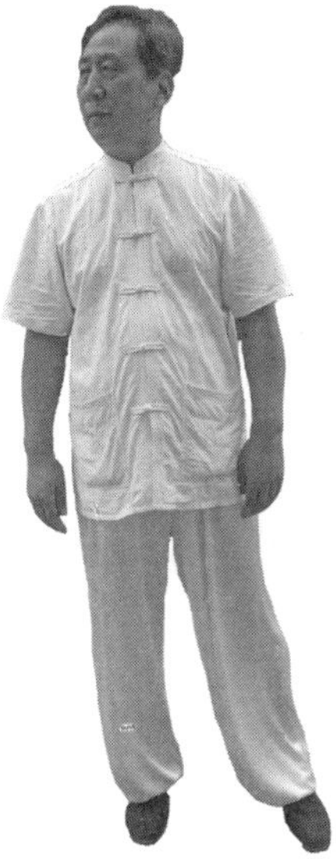

⑥

第一势　起势

两目逐渐从右前转向左前，身体的重心随着移向左脚第一趾、第二趾、第三趾、第四趾和第五趾。⑦

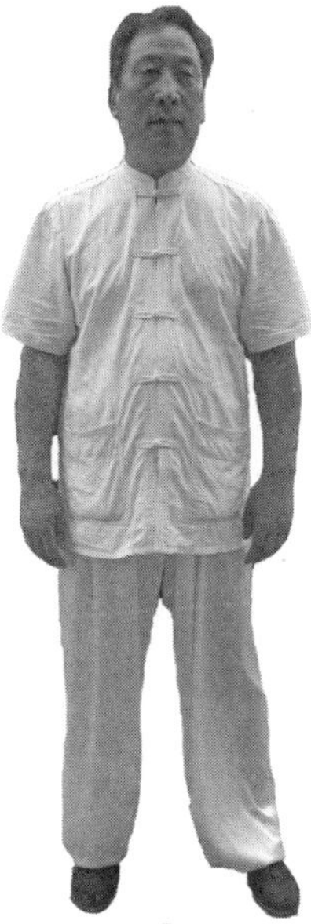

⑦

第一势　起势

两目逐渐从左前转向右前方，左脚的前掌、脚心、后脚跟顺序着地。⑧

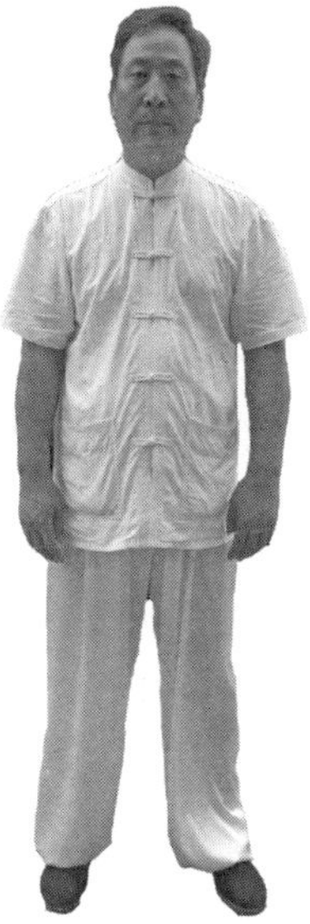

⑧

9 10 11 12

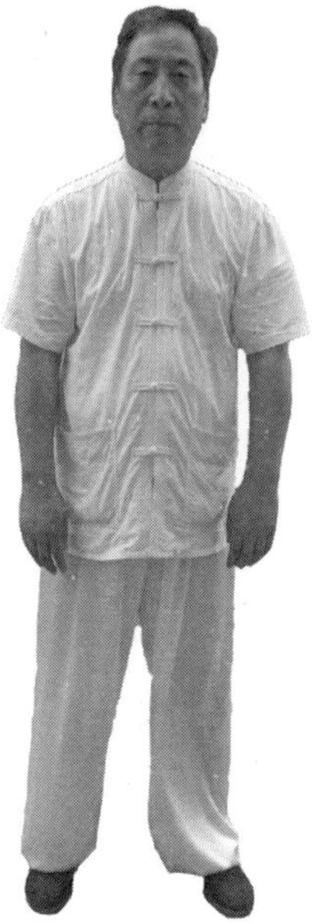

⑨

第一势　起势

两目转至正前方，左脚全脚逐渐踏实，左手食指指向大敦穴。⑨

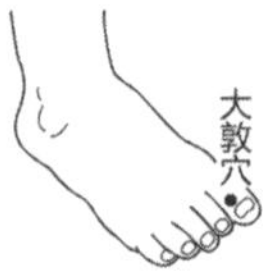

⑩

第一势　起势

先想内劳宫穴，两手自动前掤，再想大陵穴，两腕继续上掤。⑩

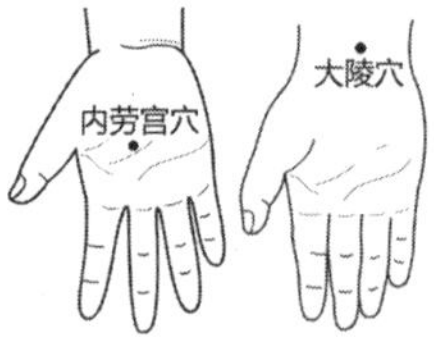

⑪

第一势　起势

想内劳宫穴，两手腕前上掤。⑪

⑫

第一势　起势

先想两手指找内劳宫穴，再想膻中穴，两手臂前上掤与肩平。⑫

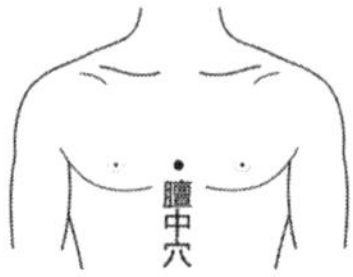

⑬

第二势　捧球势

两目视正前方，想两手外劳宫穴，两手腕回采与手平。⑬

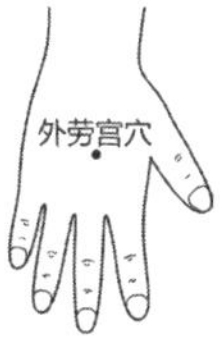

⑭

第二势　捧球势

先想两手外劳宫穴，随之想外劳宫穴找后溪穴。两臂自转，两手心相对，沉肩沉肘。九呼吸。⑭

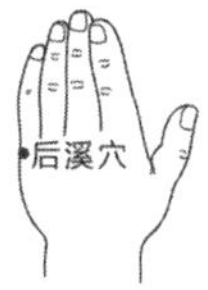

⑮

第三势　胸前双立掌

沉肩，两手回采。⑮

第三势　胸前双立掌

垂肘，两小臂回采至上下垂直，掌心相对。九呼吸。⑯

⑯

⑰ ⑱ ⑲ ⑳

第四势　双撑臂

两目逐渐向左视，左掌外旋追眼神。⑰

⑰

第四势　双撑臂

两目逐渐从左向右视，右掌外旋。⑱

⑱

第四势　双撑臂

两目视向右前方，右掌追眼神。⑲

⑲

第四势　双撑臂

两目视向右方，右手追向右方。⑳

⑳

第四势　双撑臂

两目逐渐转向正前方，两臂伸直，两手立掌，沉肩沉肘，掌心对向两侧。九呼吸。㉑

㉑

第五势　托天势

两目视正上方，两掌心追眼神。㉒

㉒

㉓

第五势　托天势

两目逐渐向上视，两掌心向上追眼神。㉓

第五势　托天势

两目逐渐回视前下方，两掌心托天，两脚跟提起，沉肩沉肘。九呼吸。㉔

㉔

25
26
27
28

㉕

第六势　大推托

两目逐渐平视前方，两脚跟着地。㉕

第六势　大推托

两目平视正前方，沉肩沉肘，两掌心斜对前上方。九呼吸。㉖

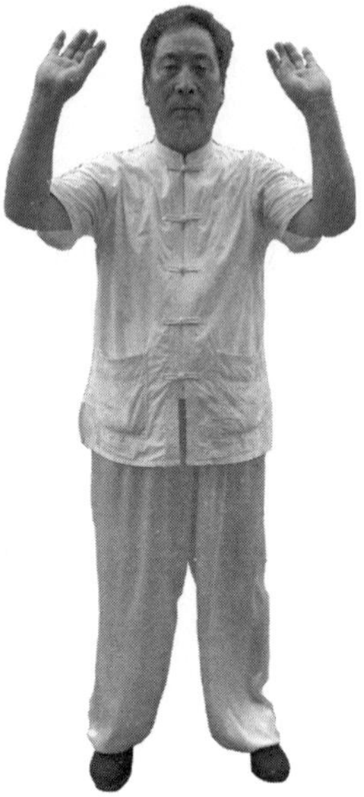

㉖

第七势　高捧球

两目平视前方，先想两外劳宫穴，两掌心转向正前方，两肘、两臂自动上举。㉗

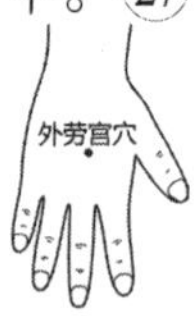

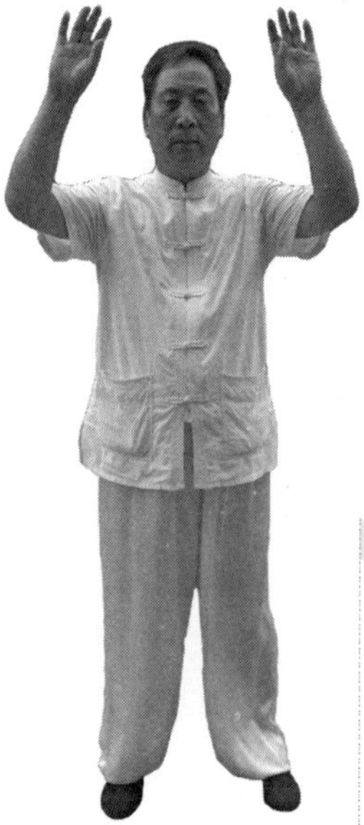

㉗

第七势　高捧球

先想两肩井穴，两臂上举，再想两外劳宫穴找两后溪穴，两手转动，手掌自动相对，想少海穴找耳门穴。㉘

㉘

29

第八势　前推势

两目平视正前方，沉肩沉肘，想两外劳宫穴找合谷穴，两掌心自动对正前方。九呼吸。29

第九势　前撑势

两目平视正前方，想两后溪穴，两手指自动转向相对。30

30

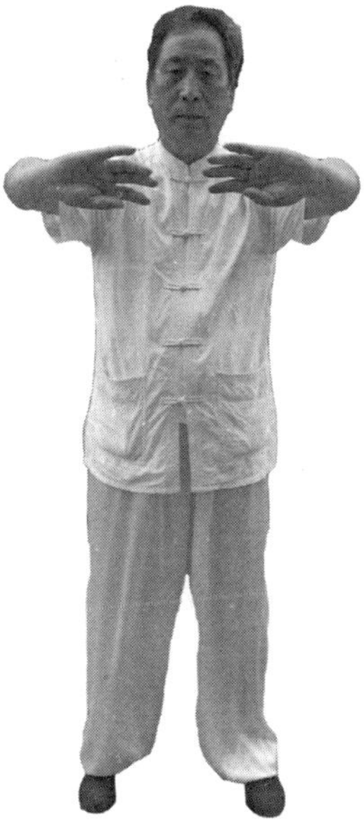

31

第九势　前撑势

沉肩沉肘，两臂自动回收形成两臂前撑，掌心向前。九呼吸。31

第十势　胸前双勾手

两目视正前方，想两内劳宫穴，两手自然回勾。32

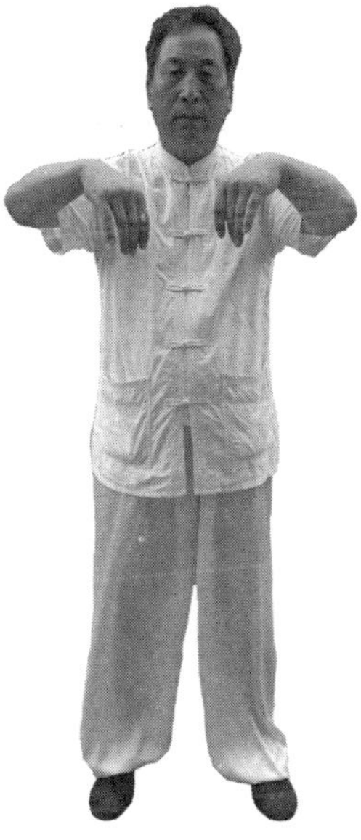

32

第十势　胸前双勾手

两目视正前方，沉肘，两臂自然下落。33

33

第十势　胸前双勾手

两目视正前方，想两内劳宫穴找两少海穴，两肘自然内合。要求沉肩沉肘，九呼吸。34

34

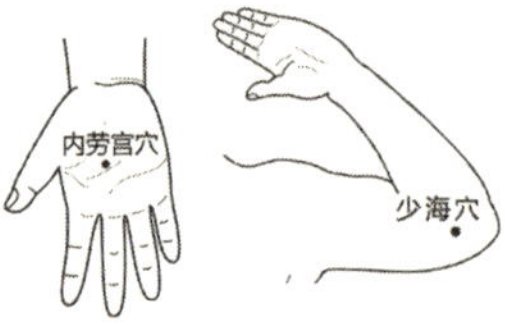

第十一势　扶按势

两目视正前方，先想两少海穴，紧随着想两曲池穴，两臂自然外展抬起。35

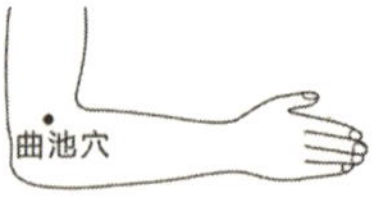

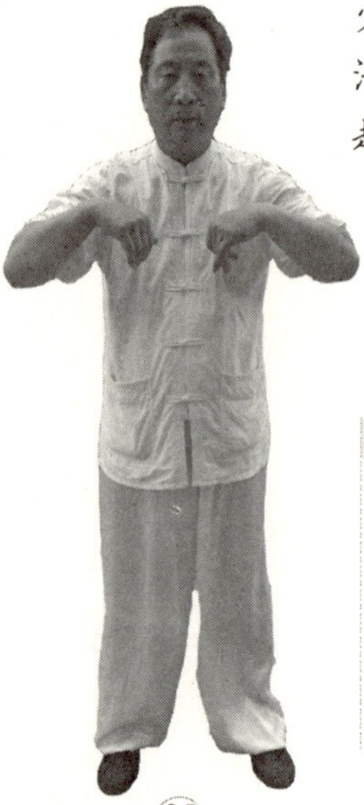

35

第十一势　扶按势

两目逐渐向前下视，想两曲池穴找两外劳宫穴，两肘自然外撑。36

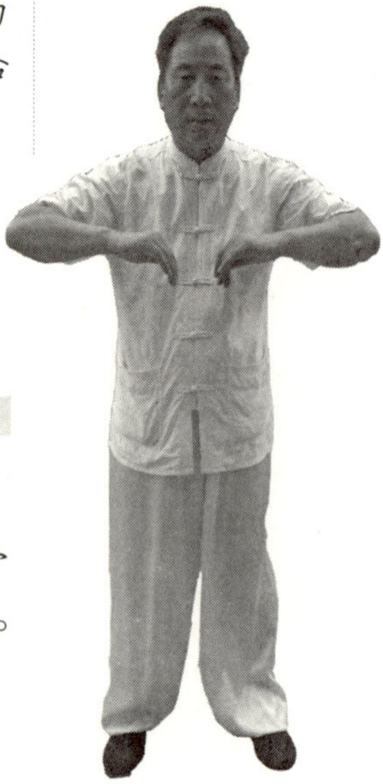

36

33
34
35
36

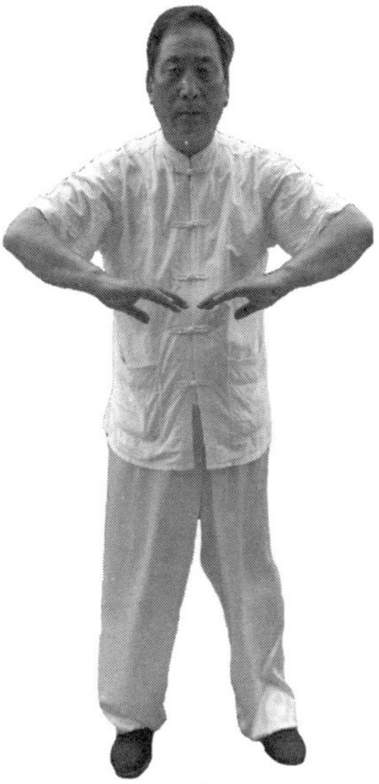

37

第十一势　扶按势

两目前下视，想两合谷穴，两掌自然展开，掌心向下，拇指指向肚脐。九呼吸。37

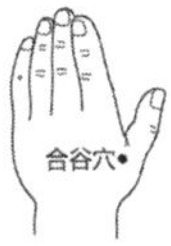

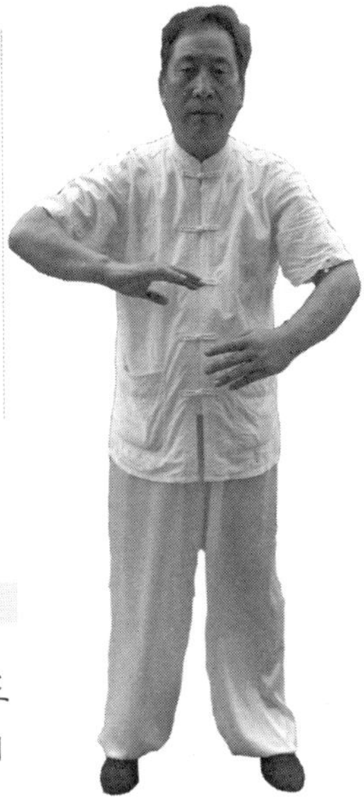

38

第十二势　托扶势

两目视正前方，想左手的后溪穴，左手自动翻转。38

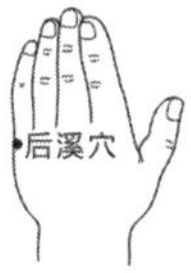

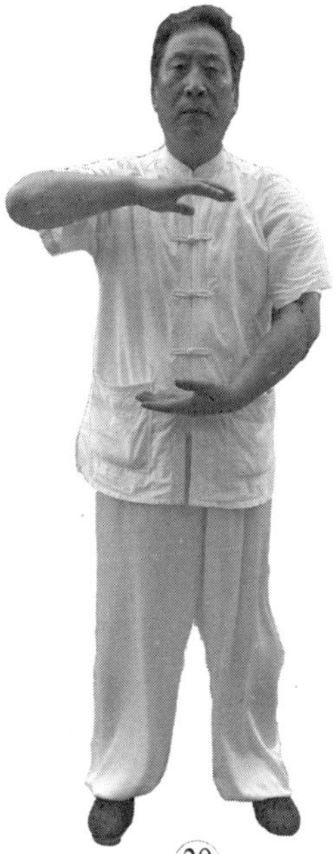

39

第十二势　托扶势

两目视正前方，左手掌心转向上像托个球，右手像扶在球上面。九呼吸。39

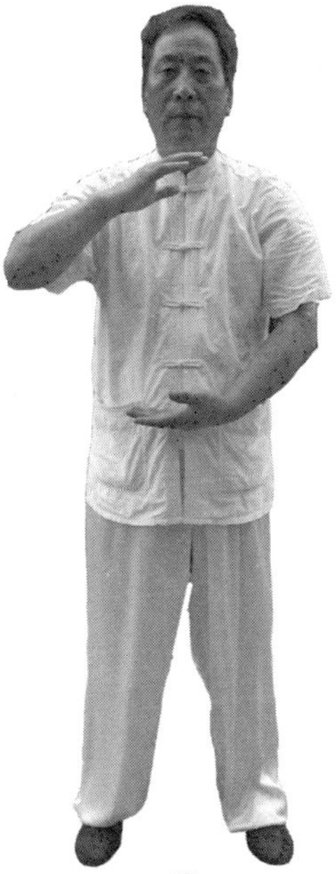

40

第十二势　托扶势

两目视正前方，想右臂曲池穴，右臂自然旋转，下落。40

41
42
43
44

第十二势　托扶势

两目视正前方，想右手合谷穴，右手自动翻转下落至肚脐上沿，左手自动旋转翻掌，如扶在球上面。九呼吸。41

41

第十三势　摘星换斗

两目逐渐左视，左手追眼神，左臂自然伸直。42

42

43

第十三势　摘星换斗

两目逐渐从左视向右，右手追眼神。43

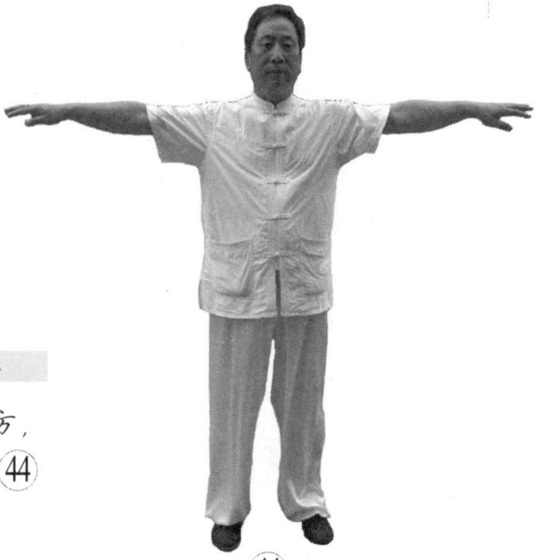

44

第十三势　摘星换斗

两目从右转视正前方，右臂旋转掌心向下。44

第十三势　摘星换斗

两目逐渐向左看，身体随着向左转。45

45

第十三势　摘星换斗

两目逐渐向左后看，身体随着转，想左手劳宫穴找命门穴。46

46

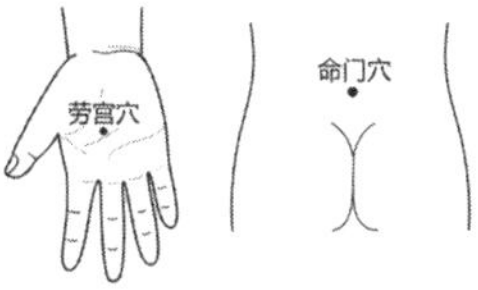

第十三势　摘星换斗

两目逐渐回视正前方，身体随着转正，重心落在左脚上，右臂高举弯曲，掌心对准百会穴。九呼吸。47

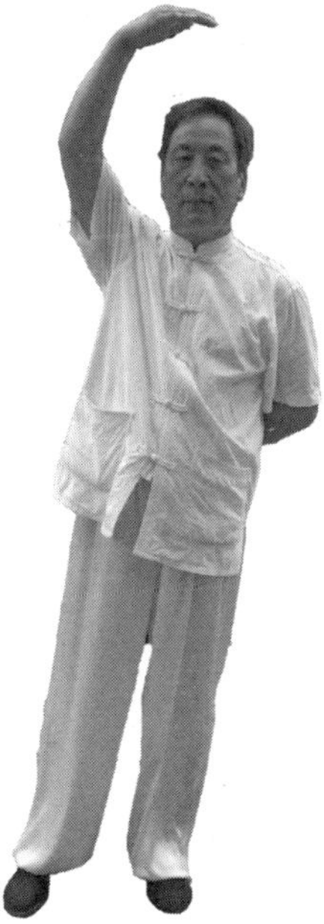

47

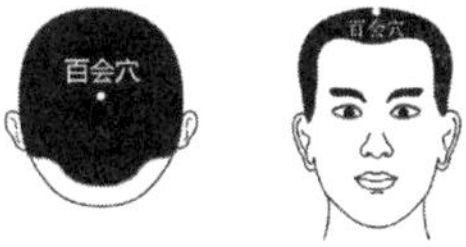

第十三势　摘星换斗

两目逐渐向左看，左手离开命门穴前转。48

48

49
50
51
52

49

第十三势　摘星换斗

两目逐渐向右后看，两臂和身体随着向右旋转。49

50

第十三势　摘星换斗

两目视向右后下，想右手外劳宫穴找命门穴。50

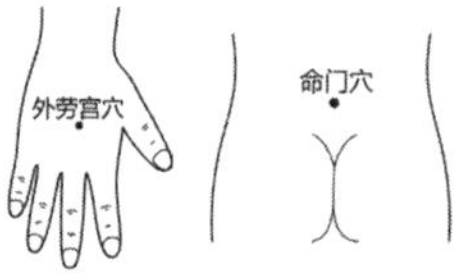

51

第十三势　摘星换斗

两目逐渐回视正前方，身体随着转正，左臂高举弯曲，掌心对准百会穴，重心落在右脚上。九呼吸。51

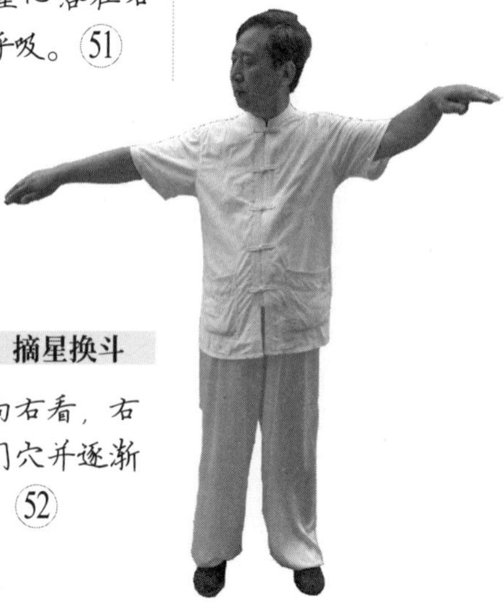

52

第十三势　摘星换斗

两目逐渐向右看，右手离开命门穴并逐渐旋转抬起。52

53

第十四势　倒拽九牛尾

两目逐渐转视正前方，两臂伸直。53

54

第十四势　倒拽九牛尾

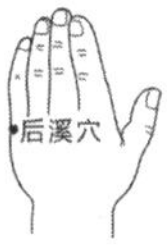

两目平视前方，想两外劳宫穴找两后溪穴，两掌心向前翻转。54

55

第十四势　倒拽九牛尾

两目平视正前方，想两合谷穴找外劳宫穴，两掌心继续向上转。55

56

第十四势　倒拽九牛尾

两目平视正前方，两臂平伸直，掌心向上，沉肩沉肘。56

57 58 59 60

第十四势　倒拽九牛尾

两目逐渐向左下看，身体和右臂随眼神转动，左臂去追眼神，想左手找命门穴。57

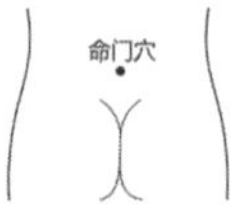

57

第十四势　倒拽九牛尾

两目回转视正前方，身体重心落于左脚，右臂微屈高举于头顶，左臂靠近命门穴。58

58

第十四势　倒拽九牛尾

目视正前方，右手下落于大椎穴，左手上找夹脊穴，右脚向前漂出一脚。59

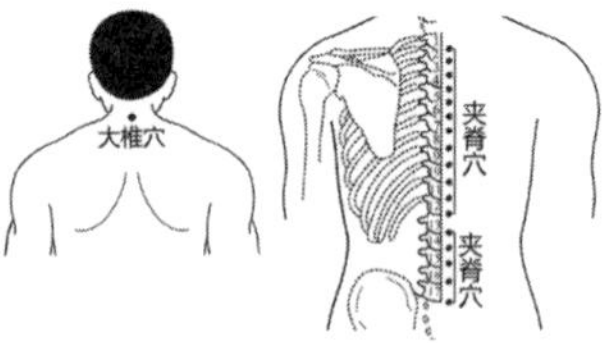

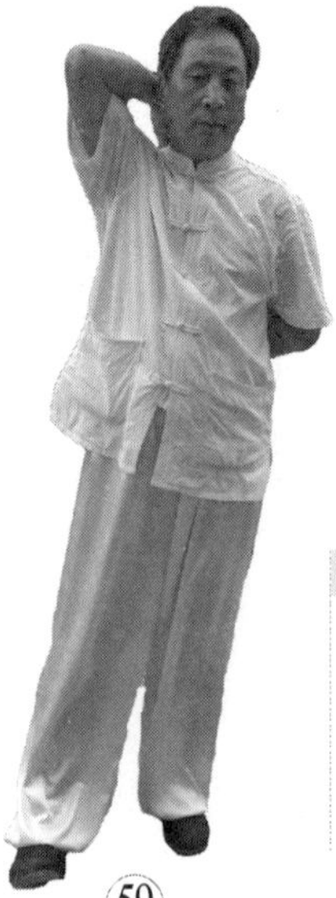

59

第十四势　倒拽九牛尾

目视正前方，两手握拳，右拳由后向前追眼神，想右膝盖找前脚尖。60

60

61

第十四势　倒拽九牛尾

目视正前方，想左拳向后拽，拳眼对地，右拳追眼神，拳眼对天。61

第十四势　倒拽九牛尾

目视正前方，全身放松，两拳松开。62

62

第十四势　倒拽九牛尾

两目逐渐向左视，身体和右臂随眼神向左转，重心落于左脚。63

63

第十四势　倒拽九牛尾

两目转视正前方，身体随眼神转正，右手下落于大椎穴，想左手上找夹脊穴。64

64

65

第十四势　倒拽九牛尾

目视正前方，想两手握拳，再想右膝盖找脚尖，右拳追眼神，拳眼朝天，左拳后拽，拳眼对地。九呼吸。65

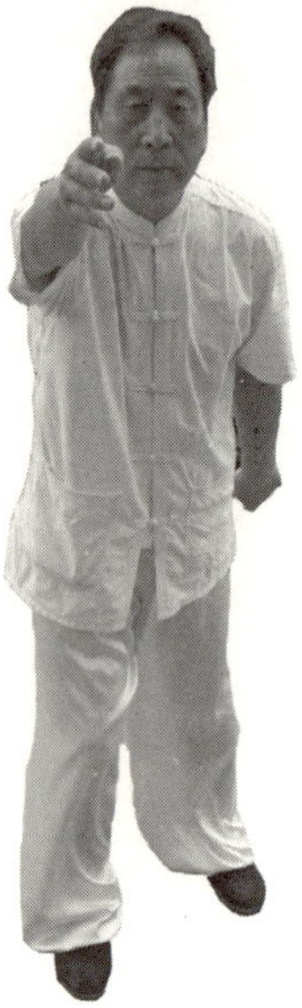

66

第十四势　倒拽九牛尾

目视正前方，身体放松，两拳松开。66

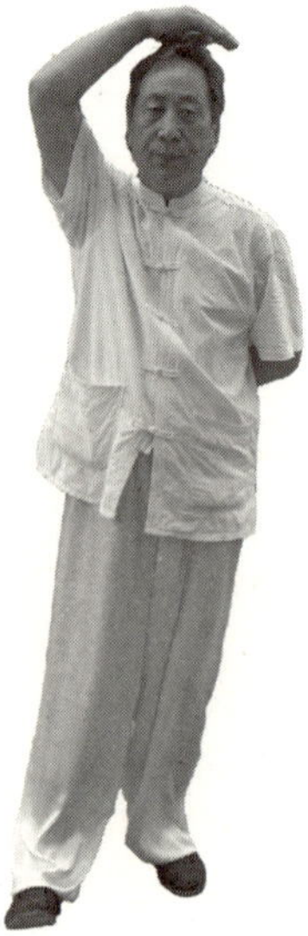

67

第十四势　倒拽九牛尾

两目向左视，身体右臂随着向左转，重心落于左脚。两目随之转向正前方，右手回落于大椎穴，左手上找夹脊穴。67

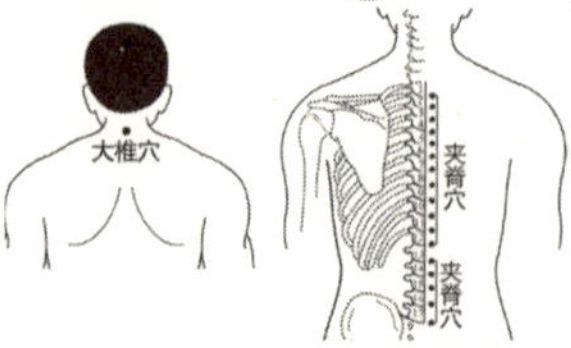

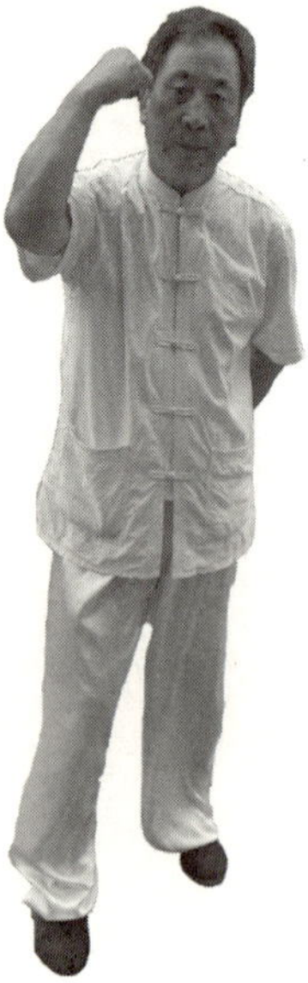

68

第十四势　倒拽九牛尾

目视正前方，两手握拳，想右膝盖找脚尖，右拳去追眼神。68

69

第十四势　倒拽九牛尾

目视正前方，想左拳后拽，拳眼对地，右拳追眼神，拳眼朝天。九呼吸。69

第十四势　倒拽九牛尾

目视正前方，全身放松，两拳松开。70

70

71

第十四势　倒拽九牛尾

两目逐渐向右视，右臂随着眼神向右旋转，身体的重心逐渐从右脚移向左脚，左臂随重心的转移而抬平，右脚撤回一脚。71

72

第十四势　倒拽九牛尾

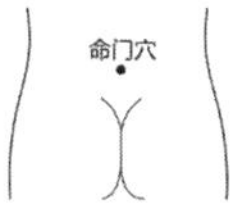

两目逐渐向右后视，身体和左臂随眼神转动，右手随着眼神去找命门穴。72

73

第十四势　倒拽九牛尾

两目转视正前方，左手回落于大椎穴，右手上找夹脊穴，身体转向正前方，重心落于右脚，左脚向前漂出一脚远。73

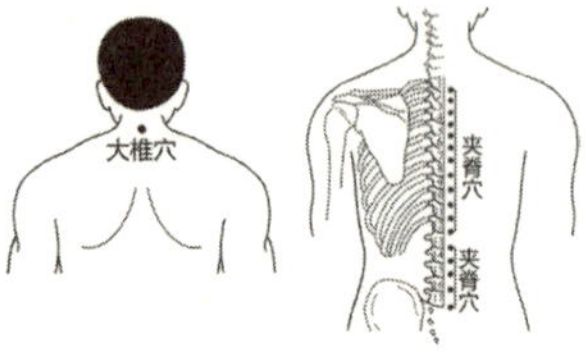

74

第十四势　倒拽九牛尾

目视正前方，两手握拳，想左膝盖找左脚尖，然后想右拳后拽，左拳追眼神。74

75

第十四势　倒拽九牛尾

目视正前方，右拳眼对地，左拳眼朝天，身体的重心落在左脚上。九呼吸。75

76

第十四势　倒拽九牛尾

目视正前方，用意识放松身体，两拳松开。76

(77)

第十四势　倒拽九牛尾

两目向右前视，身体和左臂随向右后移，重心移于右脚，左臂屈举，掌心于头顶，右手靠近命门穴。(77)

第十四势　倒拽九牛尾

两目视正前方，右手找夹脊穴，左手由后落于大椎穴。(78)

(78)

第十四势　倒拽九牛尾

目视前方，两手握拳，想左膝盖去找脚尖。(79)

(79)

第十四势　倒拽九牛尾

两目视向正前方，想右拳后拽，左拳追眼神，拳眼朝天，右拳眼对地。九呼吸。(80)

(80)

81
82
83
84

81

第十四势　倒拽九牛尾

目视正前方，身体有意识放松，左右两拳松开。81

82

第十四势　倒拽九牛尾

两目逐渐向右视，身体和左臂随着向右后移动，重心于右脚，左臂移于头顶后，右手靠近命门穴。82

第十四势　倒拽九牛尾

两目回视正前方，左手由后移于大椎穴，右手找夹脊穴。83

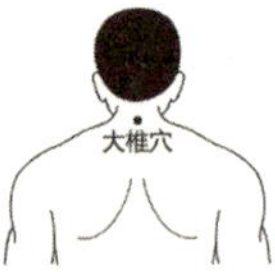

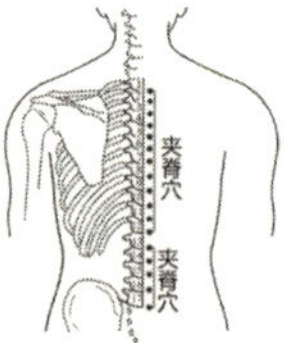

83

第十四势　倒拽九牛尾

目视正前方，想左膝盖找脚尖，两手握拳。84

84

85

第十四势　倒拽九牛尾

目视正前方，想右拳向后拽，拳眼对地，左拳追眼神，拳眼朝天。九呼吸。85

第十五势　九鬼拔马刀

身体有意识放松，两拳松开，两目逐渐向右后视，身体和右臂随着移动，重心移于右脚，左脚自动后漂。86

86

87

第十五势　九鬼拔马刀

两目转视正前方，左脚漂回半步与右脚平齐，两目逐渐向左视，左臂追眼神，右臂自动抬起，两目转视正前方，重心落于两脚，两臂于身体两侧抬平。87

第十五势　九鬼拔马刀

目视正前方，沉肩沉肘，想两外劳宫穴，两臂自然下落前合。88

88

89
90
91
92

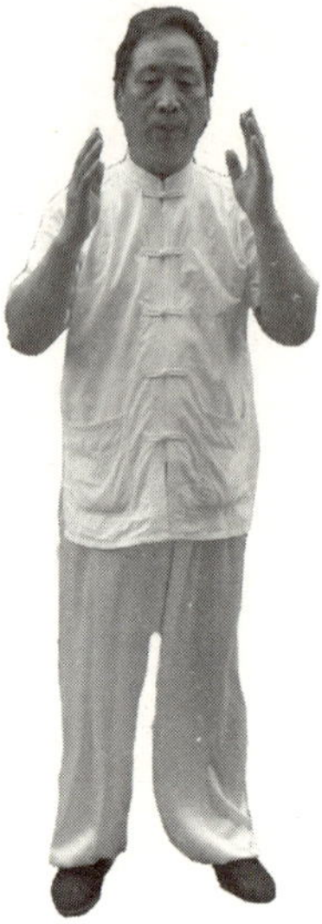

89

第十五势　九鬼拔马刀

两目视正前方，想两曲池穴。两小臂自然垂直于胸前，手心相对。89

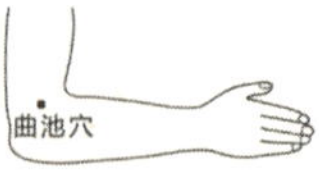

90

第十五势　九鬼拔马刀

两目逐渐向左视，想两少海穴，两臂自然抬起，小臂内合，左手心向下，右手心向上。90

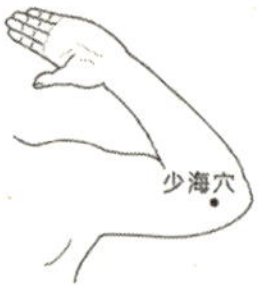

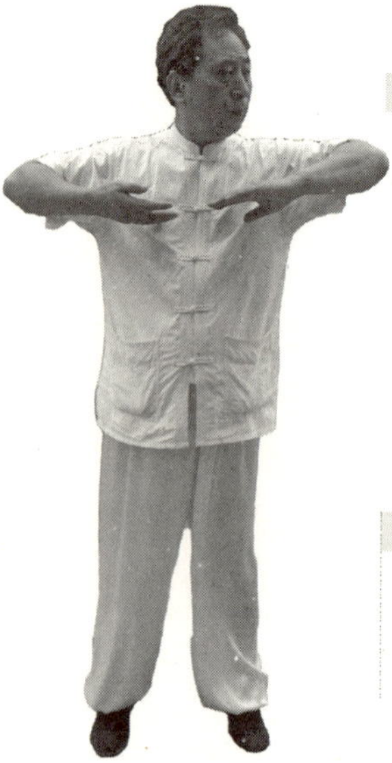

91

第十五势　九鬼拔马刀

两目左视，想两手分别找两云门穴。91

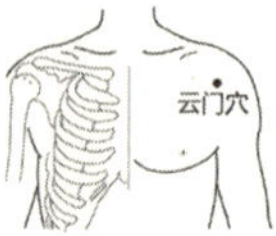

第十五势　九鬼拔马刀

两目视左下方，两手臂自然下落。92

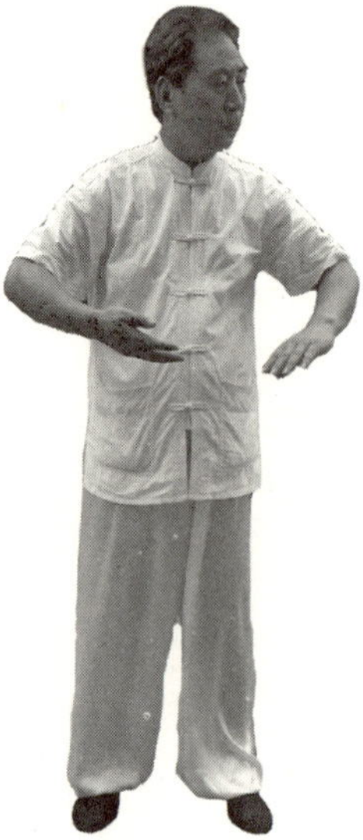

92

第十五势　九鬼拔马刀

两目继续向左后下视，身体随眼神转动。93

93

第十五势　九鬼拔马刀

两目视后下方，身体和两臂随着转动，想左手找夹脊穴，右手经过头顶去找左耳。两腿微屈。94

94

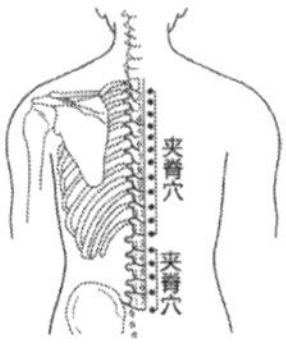

第十五势　九鬼拔马刀

两目左后下视右脚跟，身体尽力左转，两腿屈，左手外劳宫穴去尽力靠近夹脊穴，右手指按左耳，右小臂尽力贴住右耳。九呼吸。95

95

图 95 的正面。96

96

97

第十五势　九鬼拔马刀

两目逐渐回视正前方，身体随着眼神回转，两腿也慢慢直立。97

98

第十五势　九鬼拔马刀

两目视正前方，身体也回转至正前方，右手离开左耳回立于胸前，左臂也随着身体转动，想后溪穴，自然立于胸前。98

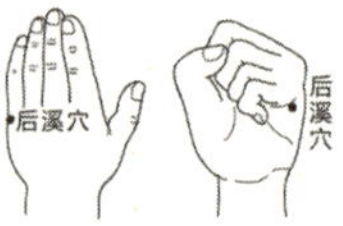

第十五势　九鬼拔马刀

两目逐渐向右视，想右少海穴，两臂随着眼神抬起，右手掌心向下，左手掌心向上。99

99

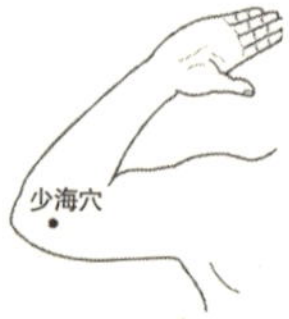

第十五势　九鬼拔马刀

两目向右视，想两手找云门穴。100

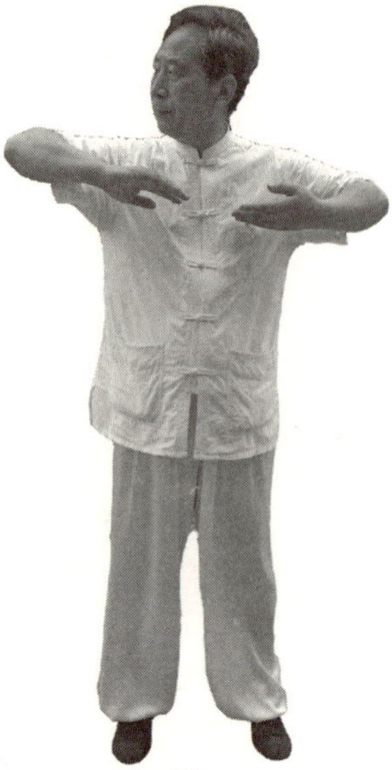

100

101

第十五势　九鬼拔马刀

两目向右后视，身体随着眼神转，两臂也随身体转动下落。101

102

第十五势　九鬼拔马刀

两目向右后下视，想右手找命门穴，左手绕过头顶找右耳，两腿微屈。102

第十五势　九鬼拔马刀

两目视左脚跟，右手贴着背上找夹脊穴，左手指按右耳，左小臂按着左耳，身体正面转向右，两腿屈。九呼吸。103

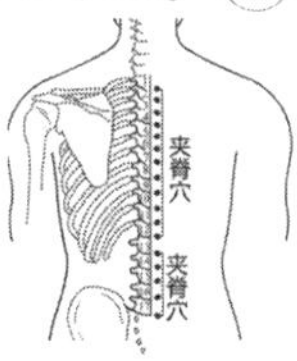

103

第十五势　九鬼拔马刀

两目逐渐回视正前方，身体随着眼神回转，两腿也慢慢立起，右手慢慢离开后背下落。104

104

第十五势　九鬼拔马刀

两目视正前方，身体转正，左手离开右耳随小臂移于左脸前。右手也随着转身移于右胯上，两腿立直。105

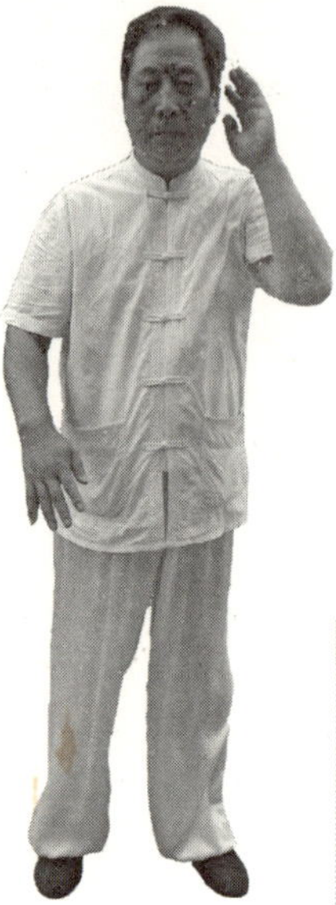

105

第十五势　九鬼拔马刀

两目视正前方，想左曲池穴，两小臂自然立于胸前，手心相对。106

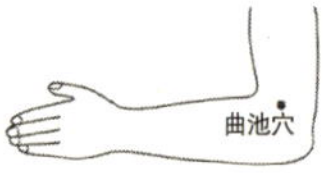

106

第十六势　青龙探爪

两目视正前方，两脚分开一脚距离，自然站立，两小臂垂直立胸前，两手心相对。107

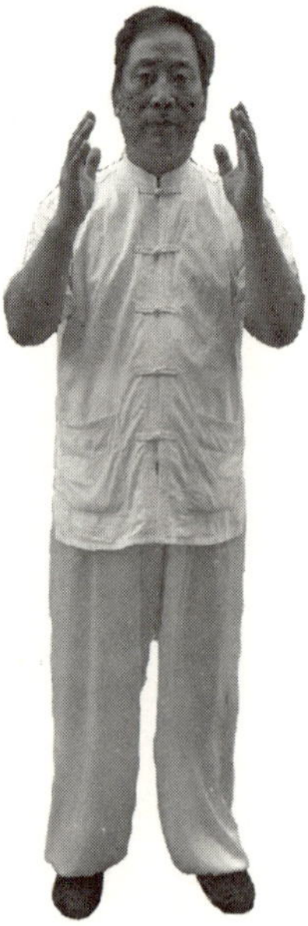

107

第十六势　青龙探爪

两目视正前方，想两曲池穴，两小臂自然下落，手心相对。108

108

105
106
107
108

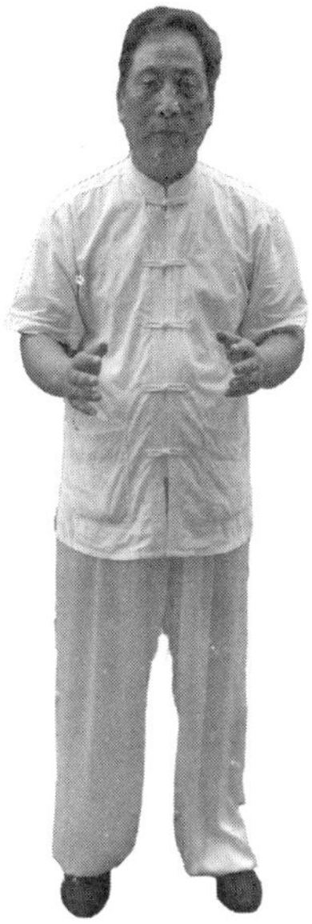

109

第十六势　青龙探爪

目视正前方，想两手小指内握，两小臂自然下落。109

第十六势　青龙探爪

目视正前方，想两手无名指、中指内握，两手自然靠近腰间。110

110

111

第十六势　青龙探爪

目视正前方，想两手食指、拇指内握，两手自然握拳于腰间，拳心向上。111

第十六势　青龙探爪

两目视左下方，左臂自然下落。112

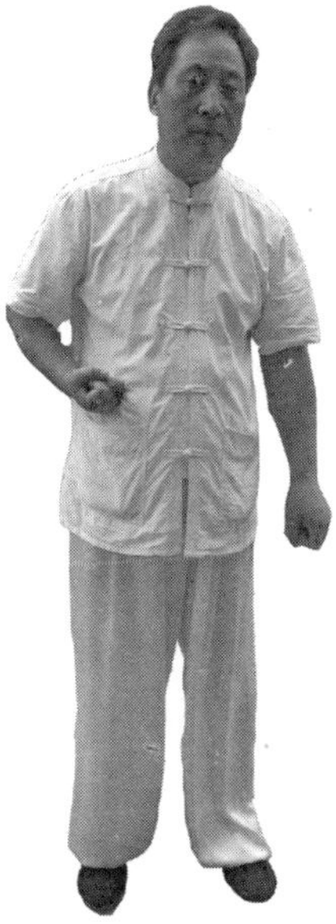

112

第十六势　青龙探爪

两目去看左脚外侧，左拳自然变掌，想手指入地。113

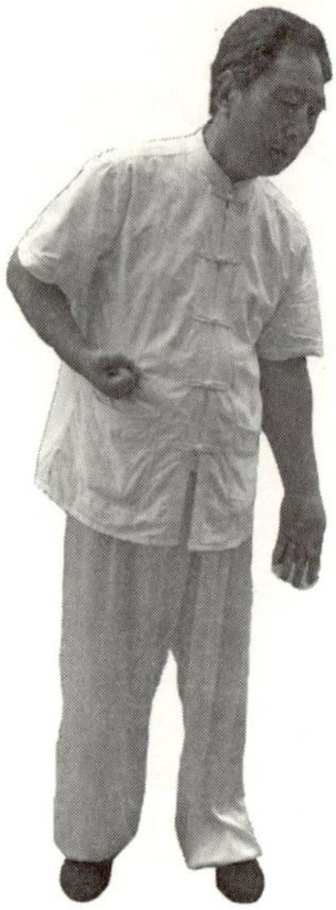

113

第十六势　青龙探爪

两目逐渐视向左前方，左掌心转向左，追眼神，右拳仍处于腰间。114

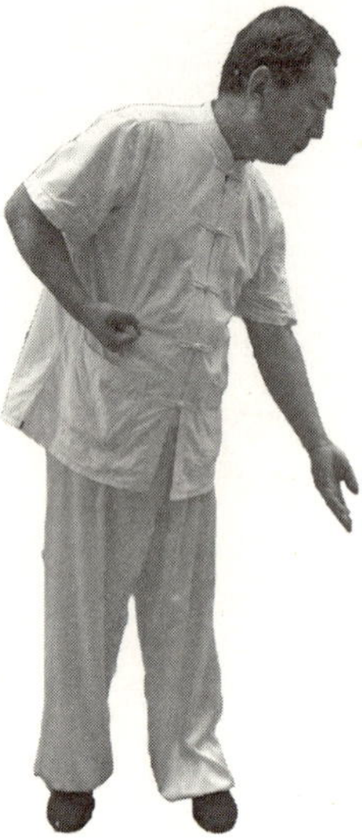

114

第十六势　青龙探爪

两目视向左远方，左臂和手追眼神自然抬平，右拳处于腰间。115

115

第十六势　青龙探爪

两目逐渐从左侧远方向天上看，左臂与手追眼神自动抬至左上方，右拳处于腰间。116

116

117

第十六势　青龙探爪

两目逐渐视头上方天空，左臂与手自动追至头上方，右拳处于腰间。117

第十六势　青龙探爪

两目从头上空逐渐视向右远方，上身和左臂追至右上方，右拳处于腰间。118

118

119

第十六势　青龙探爪

两目从右远方视向地平线，上身转追眼神带动左臂追至右侧，右拳处于腰间。119

第十六势　青龙探爪

两目逐渐从右地平线视向右脚外侧，上身追眼神带动左臂追至右脚外侧，右拳处于腰间。120

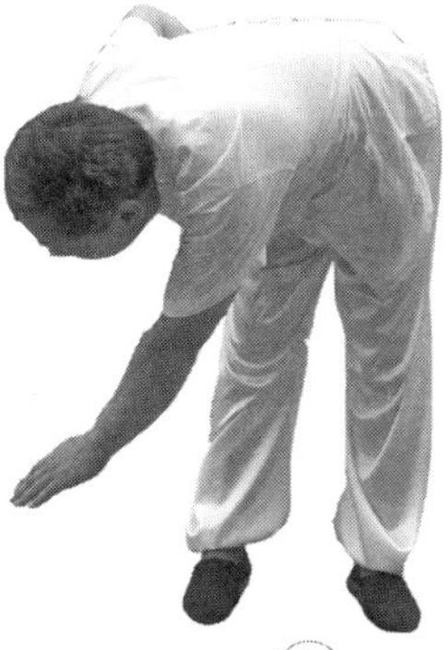

120

第十六势　青龙探爪

两目视向两脚之间，上身带动左手掌经过右脚面中央至左脚内侧，右拳处于腰间。121

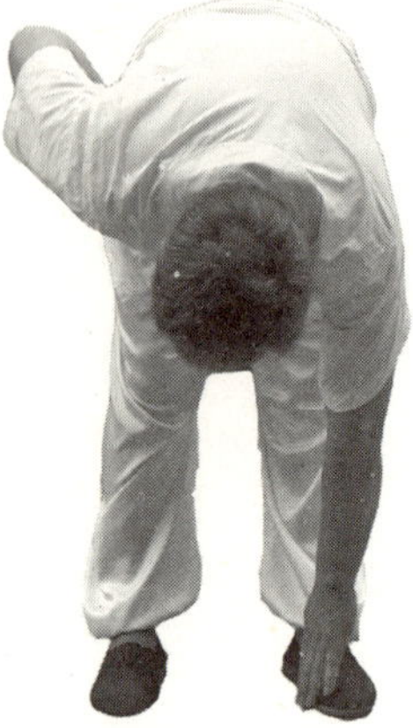

121

第十六势　青龙探爪

两目从两脚之间向左看，左手追至左脚外侧，右拳处于腰间。122

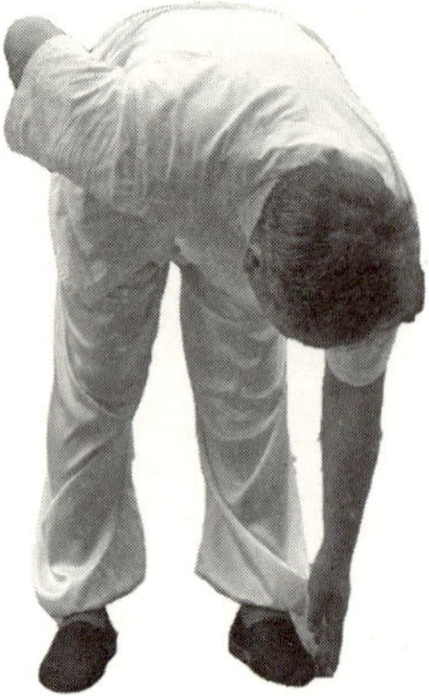

122

第十六势　青龙探爪

两目逐渐视向左远方，身体随着眼神转动，带动左臂转动，右拳处于腰间。123

123

第十六势　青龙探爪

两目视向左前方，身体转动带动左臂转，左臂抬与肩平。右拳处于腰间。124

124

第十六势　青龙探爪

两目逐渐视向左上空，左臂和手成一整体追至左上方，右拳处于腰间。125

125

第十六势　青龙探爪

两目视向正上方，左臂与掌追至正上方，右拳处于腰间。126

126

第十六势　青龙探爪

两目视向右远方，身体与臂成一整体追至右方，右拳处于腰间。127

127

第十六势　青龙探爪

两目从右地平线处逐渐视向右脚外侧，左掌追至右脚外侧。128

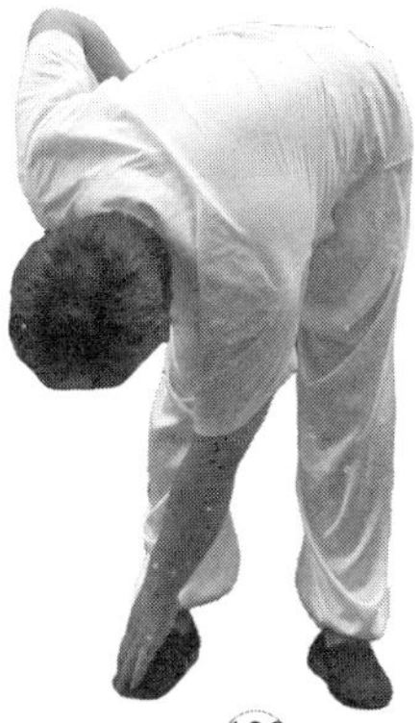

128

第十六势 青龙探爪

两目视向左脚内侧，左掌经过右脚面中央追至左脚内侧。129

129

第十六势 青龙探爪

两目视向左脚外侧，左掌经过左脚面中央转动，手心向左，右拳处于腰间。130

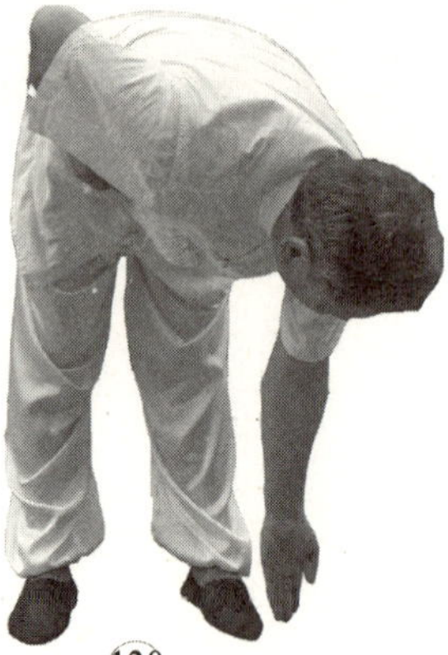

130

第十六势 青龙探爪

两目视向左远方地平线，身体与左臂整体上抬追至左臂基本平，右拳处于腰间。131

131

第十六势 青龙探爪

两目视头顶天空，左臂与左掌追至左上方，右拳处于腰间。132

132

129
130
131
132

第十六势　青龙探爪

两目视向右上方天空，身转，左掌带动臂经头顶追至右上方，右拳处于腰间。133

133

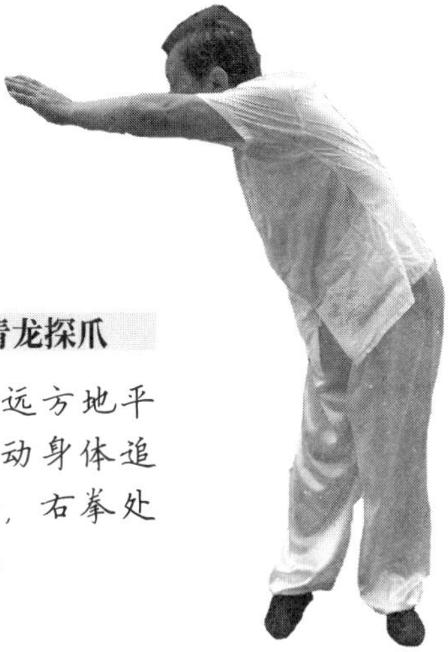

第十六势　青龙探爪

两目视向右远方地平线，左臂带动身体追至臂与肩平，右拳处于腰间。134

134

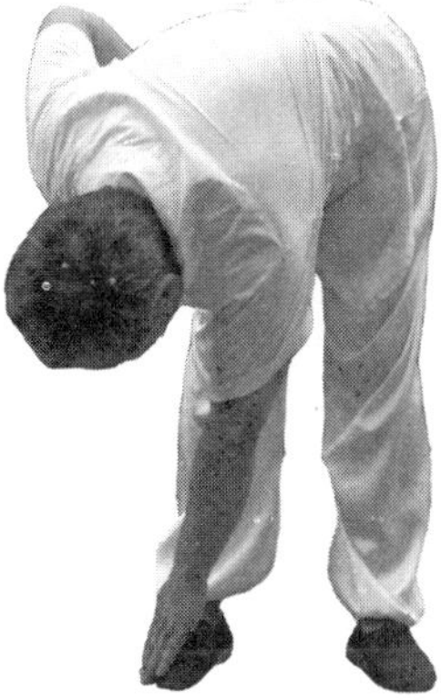

第十六势　青龙探爪

两目从右远方地平线处逐渐视向右脚外侧，左手与臂追至右脚外侧，右拳处于腰间。135

135

第十六势　青龙探爪

两目视向左脚内侧，左掌与臂追至左脚内侧，右拳处于腰间。136

136

137
138
139
140

第十六势　青龙探爪

两目视向左下方，左掌旋转带臂追至左下方，右拳处于腰间。137

137

第十六势　青龙探爪

两目视向左远方地平线处，左掌带臂上抬追至左臂与肩平，右拳处于腰间。138

138

第十六势　青龙探爪

两目视向头顶上方天空，左掌与臂追至头顶上方，右拳处于腰间。139

139

第十六势　青龙探爪

两目从头顶天空视向右远方，左手、臂、上身成一整体追至右方，右拳处于腰间。140

140

141

第十六势　青龙探爪

两目视向右下方，左手臂追至身体右侧，右拳处于腰间。141

142

第十六势　青龙探爪

两目视向右脚外侧，左掌与臂追至右脚外侧，右拳处于腰间。142

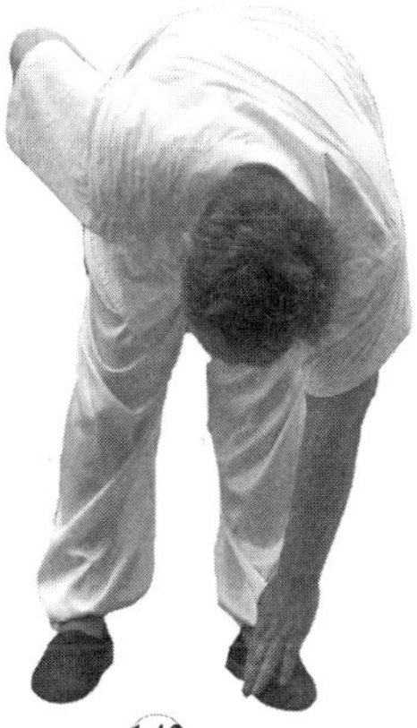
143

第十六势　青龙探爪

两目视向左脚内侧，左手追至左脚内侧，右拳处于腰间。143

第十六势　青龙探爪

两目视向左脚外侧，左手掌追至左脚外侧，转至掌心向左，右拳处于腰间。144

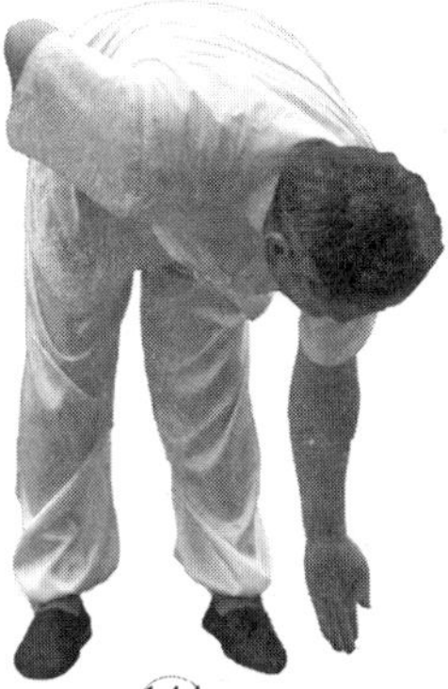
144

145
146
147
148

145

第十六势　青龙探爪

两目视向左远方，左臂与掌追至左方抬起，右拳处于腰间。145

146

第十六势　青龙探爪

两目视向头顶左上空，左臂与掌追至左上方，右拳处于腰间。146

147

第十六势　青龙探爪

两目视向右远方，左臂与掌向右转，上身同时追至右上方，右拳处于腰间。147

148

第十六势　青龙探爪

两目从右远方视向右下方，上身与左臂追至右脚右侧稍远处，右拳处于腰间。148

第十六势　青龙探爪

两目视向右下方，左臂与手追至右脚外侧，右拳处于腰间。149

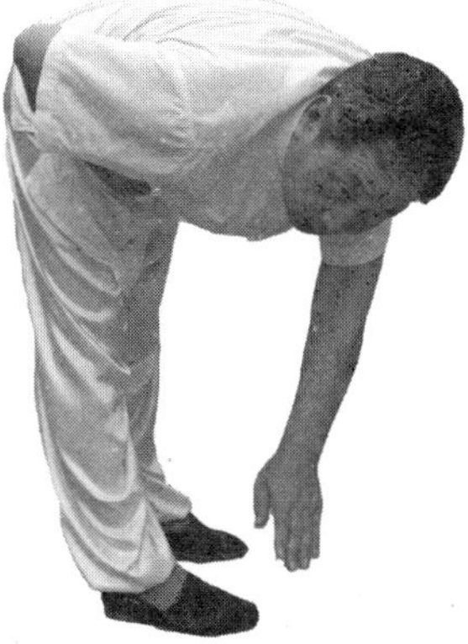

149

第十六势　青龙探爪

两目视向右脚外侧，左臂与手追至右脚中央，右拳处于腰间。150

150

第十六势　青龙探爪

两目视向左脚内侧，左臂与手追至左脚内侧，右拳处于腰间。151

151

第十六势　青龙探爪

两目视向左脚外侧，左臂与手追至左脚外侧，右拳处于腰间。152

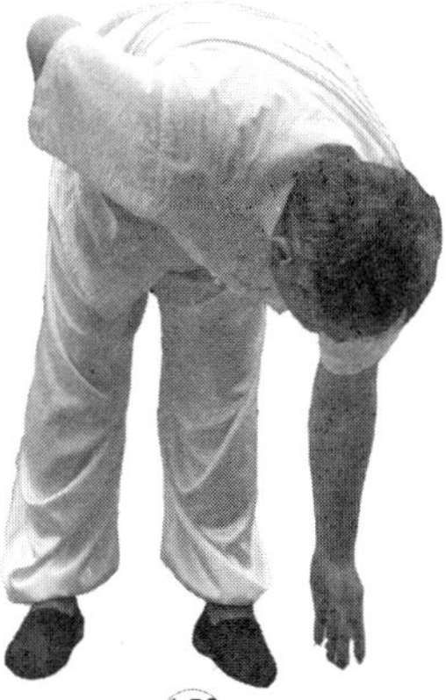

152

153

第十六势　青龙探爪

两目视向左脚外侧稍远处，想握左手的小指，左臂旋转，右拳处于腰间。153

第十六势　青龙探爪

两目视向左下方，想握左手的无名指和中指，上身逐渐抬起，右拳处于腰间。154

154

第十六势　青龙探爪

两目视正前方，想握左手的食指，上身抬起，小臂回收，右拳处于腰间。155

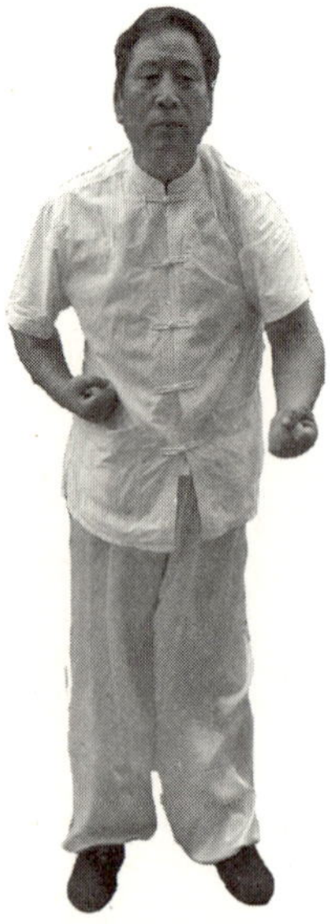

155

第十六势　青龙探爪

两目视正前方，想握左手的拇指，两拳处于腰间。156

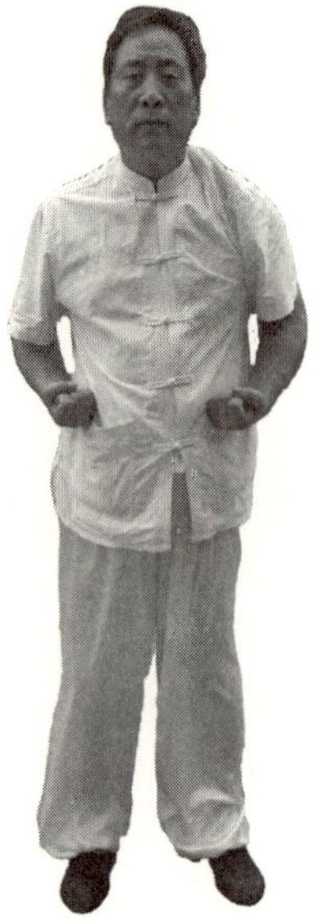

156

157

第十六势　青龙探爪

两目视正前方，两拳处于腰间。三呼吸。157

第十六势　青龙探爪

两目视右方，想去视右下方，右拳自然下落，左拳处于腰间。158

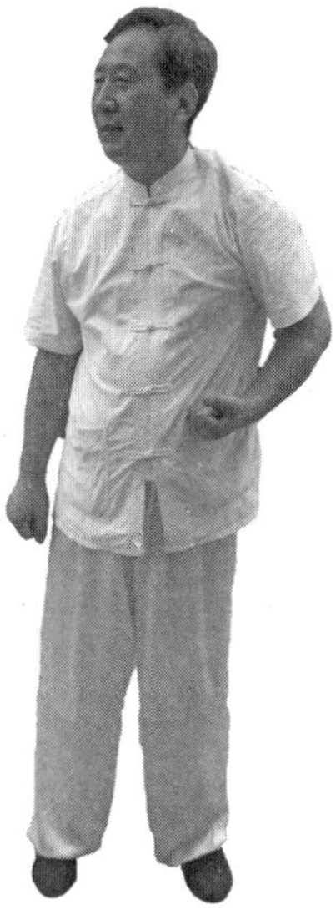

158

第十六势　青龙探爪

两目视右下方，右臂旋转，拳变掌，掌心向右，左拳处于腰间。159

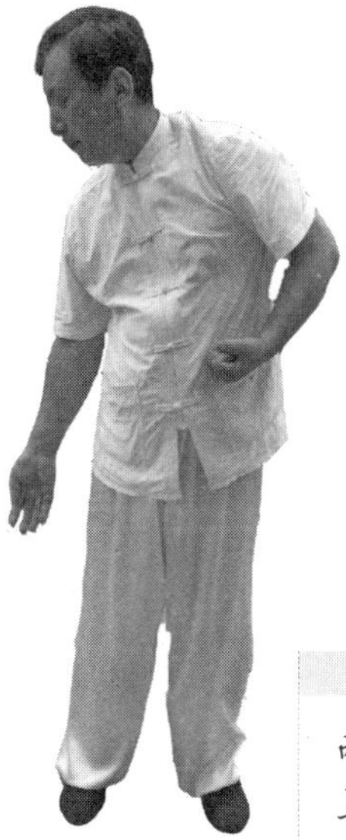

159

第十六势　青龙探爪

两目视向右方，右臂与手旋转抬起，左拳处于腰间。160

160

第十六势　青龙探爪

两目视向右远方，右臂和手追眼神，抬至与肩平，左拳处于腰间。161

161

第十六势　青龙探爪

两目视向头顶上空，右臂和手追至头上方，左拳处于腰间。162

162

第十六势　青龙探爪

两目视向左远方，在上身转动的同时带右臂与手追至左上方，左拳处于腰间。163

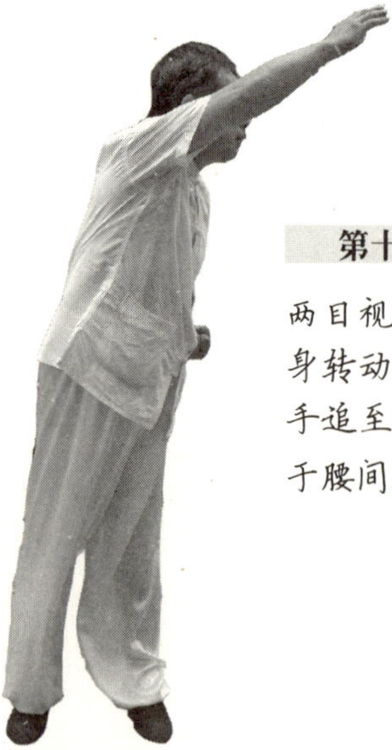

163

第十六势　青龙探爪

两目从左远方视向左下方，右臂与手追至左下方，左拳处于腰间。164

164

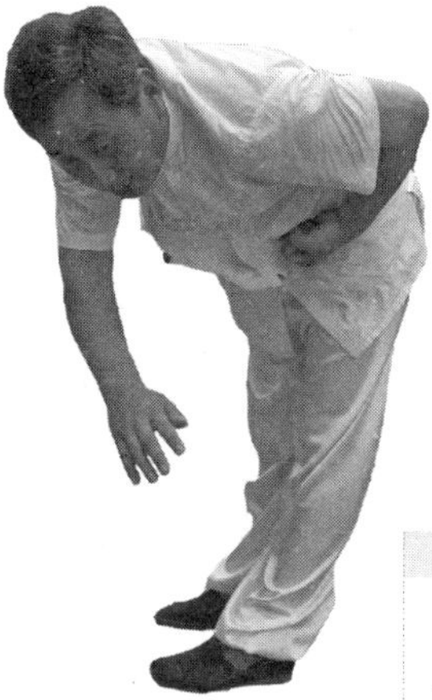

165

图164左侧面。165

第十六势　青龙探爪

两目视向左脚外侧，右臂与手追至左脚面，左拳处于腰间。166

166

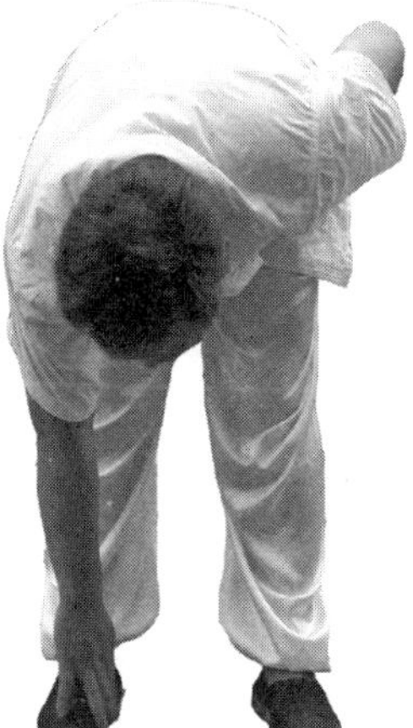

167

第十六势　青龙探爪

两目视向右脚内侧，右臂与手追至右脚内侧，左拳处于腰间。167

第十六势　青龙探爪

两目视向右下方，上身转动带动右臂旋转，掌心向右，左拳处于腰间。168

168

第十六势　青龙探爪

两目视向右远方，上身转、起，右臂与手追眼神抬起，左拳处于腰间。169

169

第十六势　青龙探爪

两目从右远方视向正上空，上身带动右臂追眼神至头右侧，左拳处于腰间。170

170

第十六势　青龙探爪

两目从头顶正上空视头顶左上空，右臂与手追至头顶左侧，左拳处于腰间。171

171

第十六势　青龙探爪

两目视向左远方，上身转动带动右臂与手追眼神至左肩基本平，左拳处于腰间。172

172

第十六势　青龙探爪

两目视向左脚外侧，上身转动带动右臂与手追眼神至左脚外侧，左拳处于腰间。173

173

第十六势　青龙探爪

两目视向右脚内侧，上身转动带动右臂与手追眼神经左脚面中央至右脚内侧，左拳处于腰间。174

174

175

第十六势　青龙探爪

两目视右脚右侧，上身转动带动右臂与手追眼神经右脚面中央至右脚外侧，左拳处于腰间。175

176

第十六势　青龙探爪

两目视向右脚外侧稍远处，上身转动带动右臂旋，掌心向右，左拳处于腰间。176

177
178
179
180

177

第十六势　青龙探爪

两目视向右远方，上身转动带动右臂与手抬与肩平，左拳处于腰间。177

178

第十六势　青龙探爪

两目逐渐从右远方视向头顶右上空，右臂与手追眼神至头右上方，左拳处于腰间。178

179

第十六势　青龙探爪

两目从头顶右上空视向左上空，右臂与手追眼神至头左上侧，左拳处于腰间。179

180

第十六势　青龙探爪

两目视左远方，上身转动带动右臂与手追至左方，左拳处于腰间。180

181

第十六势　青龙探爪

两目从左远方视向左脚外侧，上身转动带动右臂与手于左脚外侧，左拳处于腰间。181

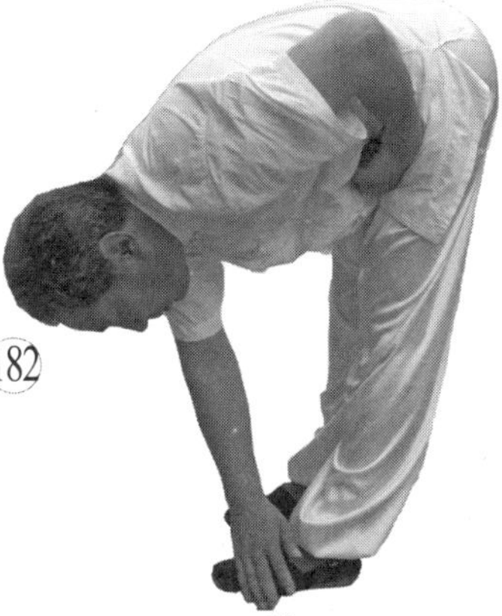

182

图 181 的左侧面。182

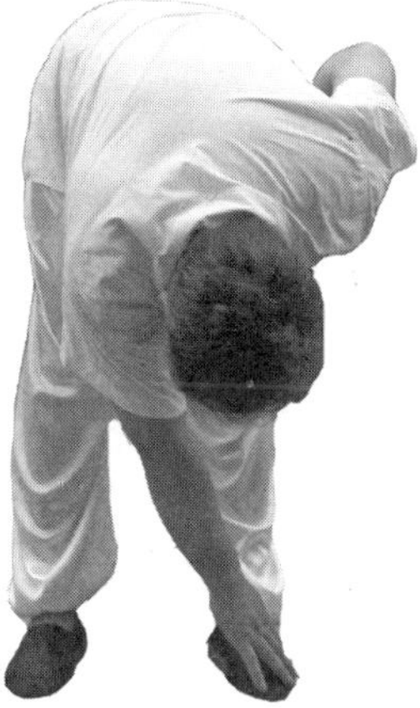

183

第十六势　青龙探爪

两目视向两脚之间，上身转动带动右臂与手至左脚面中央，左拳处于腰间。183

第十六势　青龙探爪

两目视向右脚外侧，上身转动带动右臂与手追至右脚内侧，左拳处于腰间。184

184

185
186
187
188

185

第十六势　青龙探爪

两目视向右方，上身转动带动右臂与手旋转抬起，掌心向右，左拳处于腰间。185

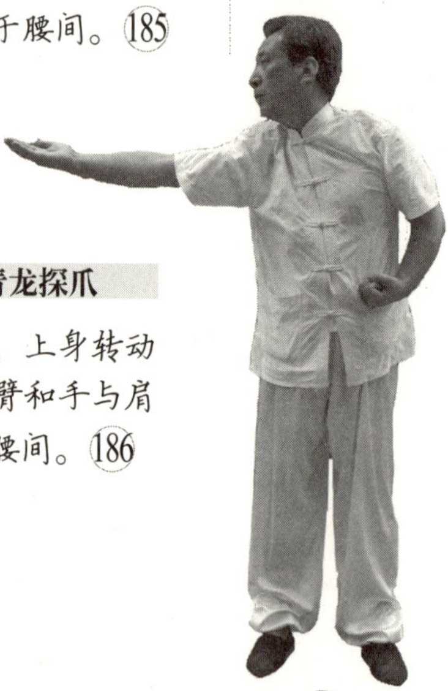

186

第十六势　青龙探爪

两目视右远方，上身转动抬起，带动右臂和手与肩平，左拳处于腰间。186

187

第十六势　青龙探爪

两目从右上空转视头顶正上空，右臂与手追眼神至头右侧上方，左拳处于腰间。187

188

第十六势　青龙探爪

两目视向左上空，右臂与手追眼神至头顶左上方，左拳处于腰间。188

189

第十六势　青龙探爪

两目视向左方，上身转动带动右臂与手追眼神至身体左侧，左拳处于腰间。189

第十六势　青龙探爪

两目视向两脚之间，上身转动带动右臂与手至左脚外侧，左拳处于腰间。190

190

191

第十六势　青龙探爪

两目视向右脚外侧，右臂与手追眼神至右脚内侧，左拳处于腰间。191

第十六势　青龙探爪

两目视向右脚稍远处，上身转动带动右臂与手旋转，掌心向右，左拳处于腰间。192

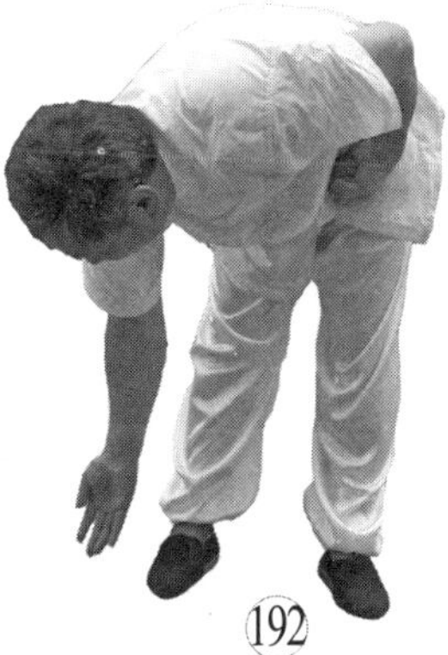

192

193

第十六势　青龙探爪

两目视向右远方，上身转动带动右臂与手旋转抬平，左拳处于腰间。193

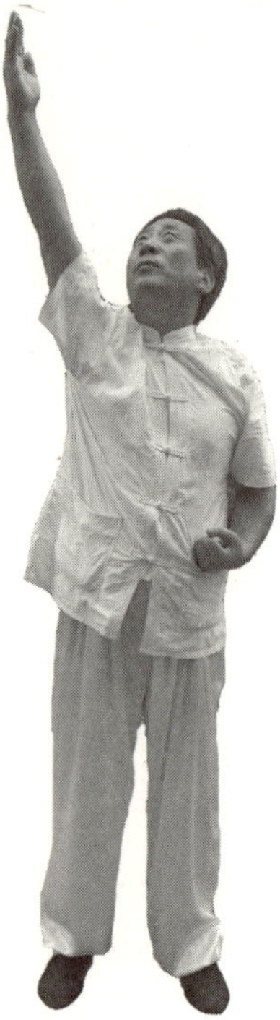

194

第十六势　青龙探爪

两目从右上空视向头顶正上空，上身转动带动右臂与手追眼神至头右侧上方，左拳处于腰间。194

195

第十六势　青龙探爪

两目视向头顶左侧天空，上身转动带动右臂与手追眼神至头顶左上方，左拳处于腰间。195

196

第十六势　青龙探爪

两目从头顶左上空视向左下方，上身转动带动右臂与手追眼神至左下方，左拳处于腰间。196

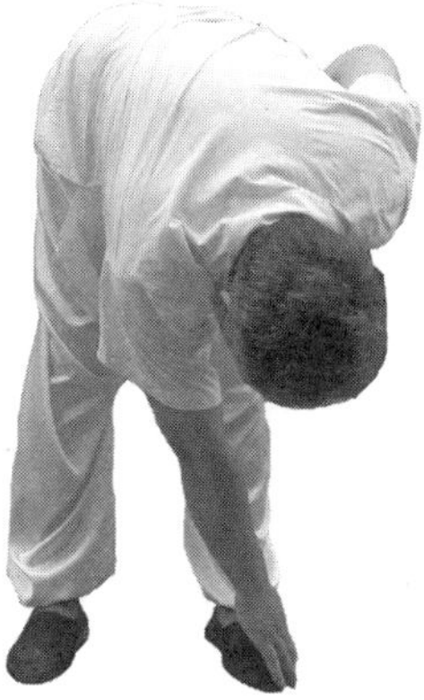

197

第十六势　青龙探爪

两目视向两脚之间，上身转动带动右臂与右手于左脚面中央，左拳处于腰间。197

第十六势　青龙探爪

两目视向右脚外侧，上身转动带动右臂与右手于右脚内侧，左拳处于腰间。198

198

第十六势　青龙探爪

两目视向右脚的右侧，上身转动带动右臂旋，掌心向右，左拳处于腰间。199

199

第十六势　青龙探爪

两目视向右远方，上身转动带动右臂与右手抬起，左拳处于腰间。200

200

201
202
203
204

201

第十六势　青龙探爪

两目视向头顶上空，右臂与手追眼神于头右侧上方，左拳处于腰间。201

第十六势　青龙探爪

两目视向左远方，上身转动带动右臂和手于左方，右臂基本与两眼平，左拳处于腰间。202

202

203

第十六势　青龙探爪

两目经左方视向左脚，上身转动带动右臂和手于左脚外侧，左拳处于腰间。203

第十六势　青龙探爪

两目视两脚之间，上身转动带动右臂和手于左脚面中央，左拳处于腰间。204

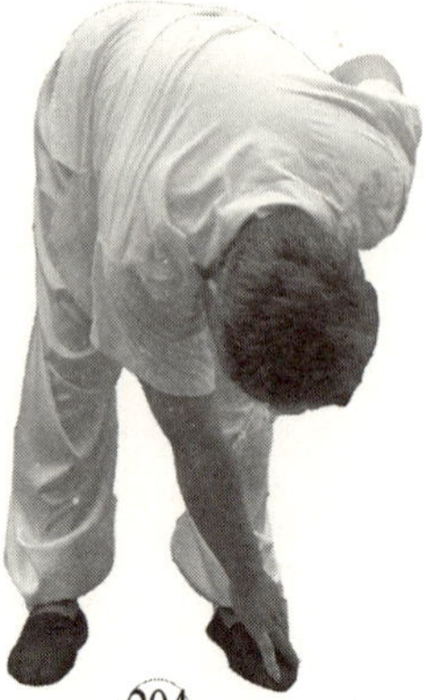

204

第十六势　青龙探爪

两目视向右脚外侧，右臂与手追眼神于右脚内侧，左拳处于腰间。205

205

第十六势　青龙探爪

两目视向右下方，上身转动带动右臂与右手旋转，掌心向右，左拳处于腰间。206

206

第十六势　青龙探爪

两目视向右方，上身转动带动右臂与右手抬起，左拳处于腰间。207

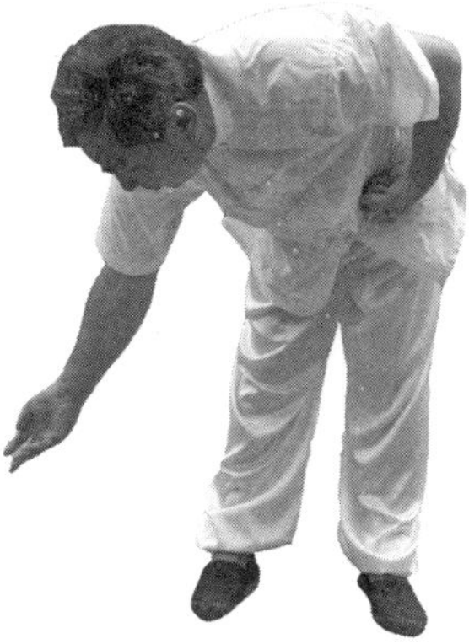

207

第十六势　青龙探爪

两目视向右前方，上身转动带动右臂与右手抬起，想右手小指内握，左拳处于腰间。208

208

209
210
211
212

第十六势　青龙探爪

两目视右前方，想右手中间三指内握，上身逐渐直起，左拳处于腰间。209

209

第十六势　青龙探爪

两目视正前方，想右手拇指内握，右臂旋收，左拳处于腰间。210

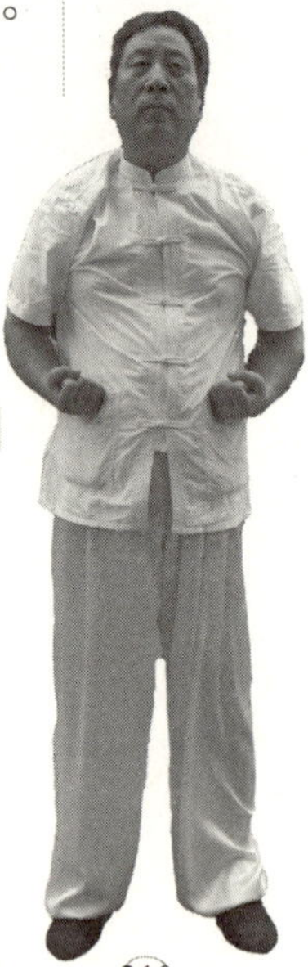

210

第十六势　青龙探爪

两目视正前方，想右拳后溪穴靠贴腰间，左拳仍于腰间。三呼吸。211

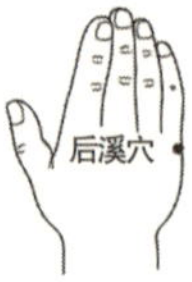

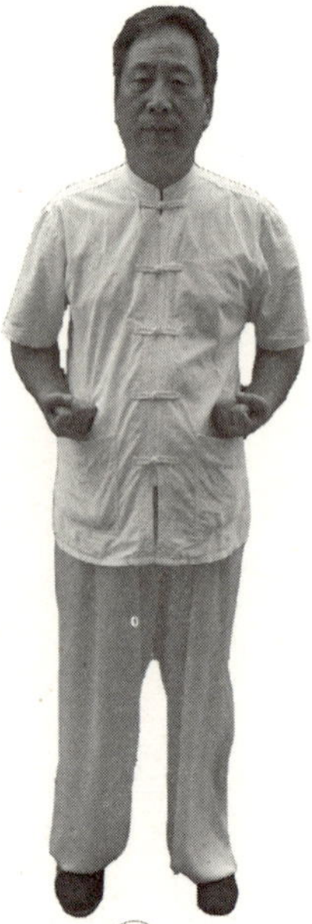

211

第十七势　鸟飞势

两目视正前方，想两拳拇指外展，身体有意识放松。212

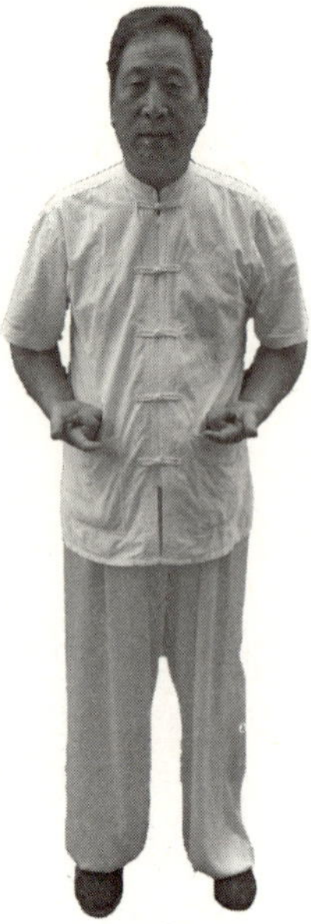

212

213

第十七势　鸟飞势

两目视正前方，想两手展开（顺序：拇指、食指、中指、无名指、小指）。213

第十七势　鸟飞势

两目逐渐前下视，想两手的后溪穴去找大腿根处的气冲穴。214

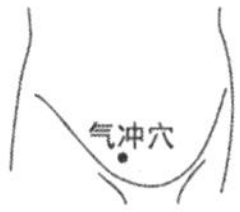

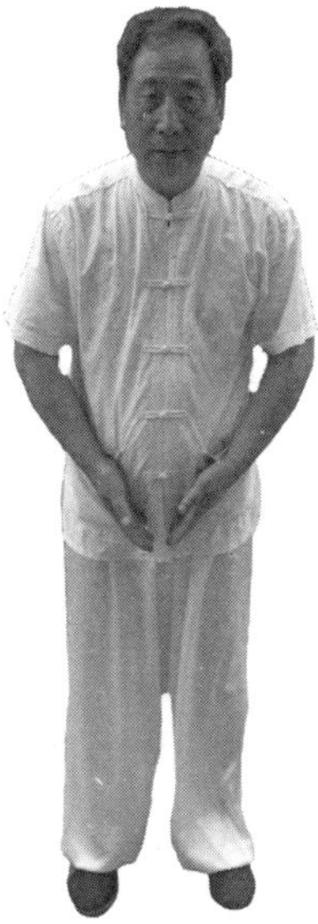

214

215

第十七势　鸟飞势

两目视向两脚尖，两劳宫穴贴向两大腿内侧。215

第十七势　鸟飞势

两目逐渐视向两腿内侧，两劳宫穴贴两腿内侧向下导，上身前俯。216

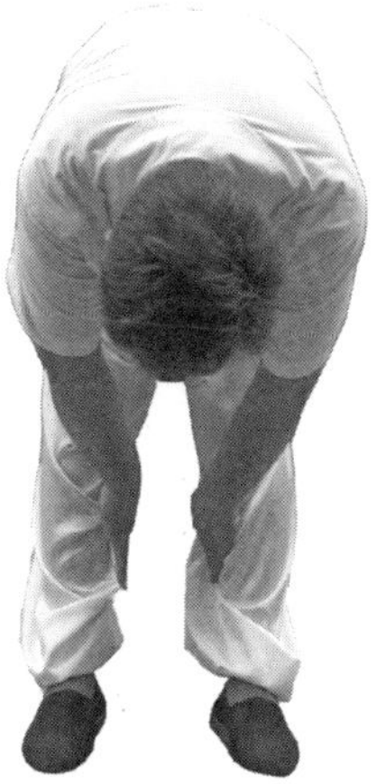

216

217 218 219 220

第十七势　鸟飞势

两目视向两脚之间，两手内劳宫穴找照海穴，上身下俯。217

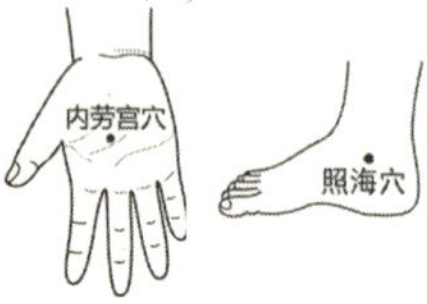

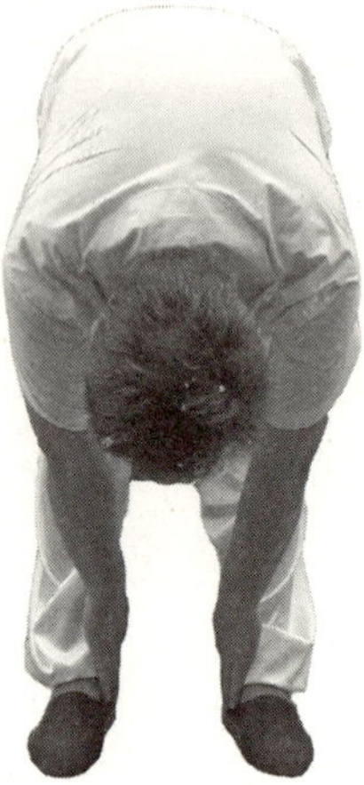

217

第十七势　鸟飞势

两目视两脚跟，两手围绕两脚掌从内逐渐向外侧导。218

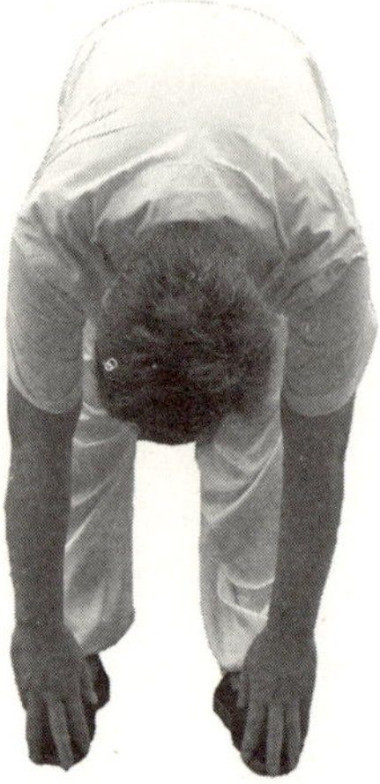

218

第十七势　鸟飞势

两目视向两脚跟后，两手围绕两脚掌至脚跟处。219

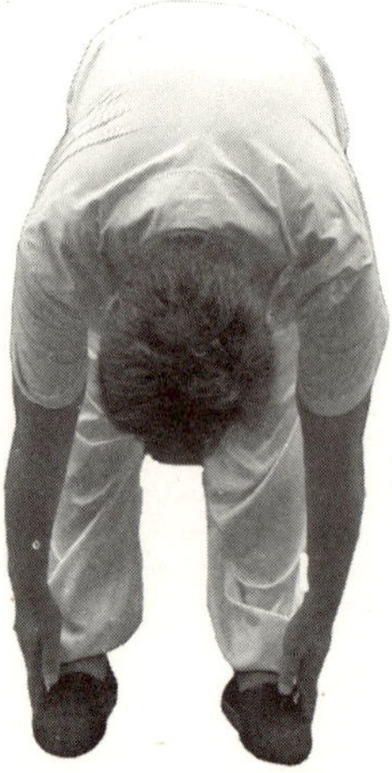

219

第十七势　鸟飞势

两目视向后方，两手顺脚跟向上引，头贴近两腿。220

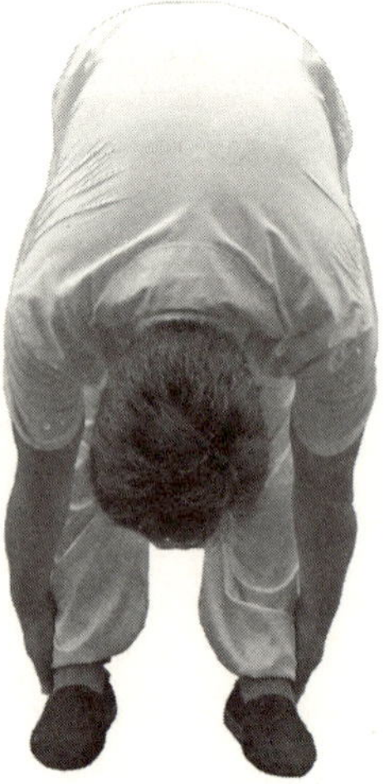

220

第十七势　鸟飞势

两目从两腿之间看向后方，两手从脚跟引向承山穴。221

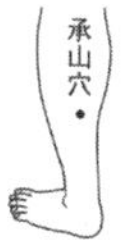

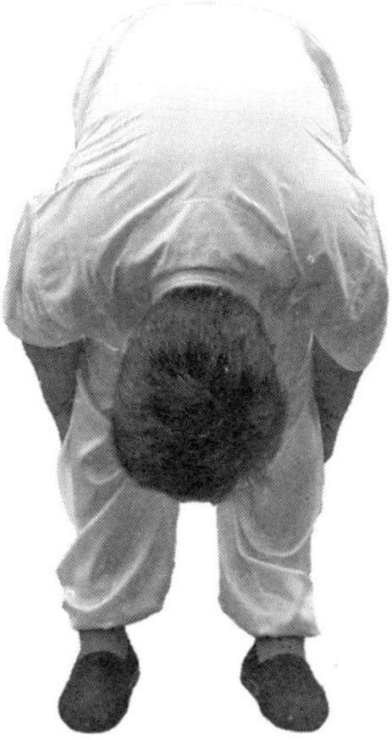

221

第十七势　鸟飞势

两目从两腿之间向后视，两手引向殷门穴。222

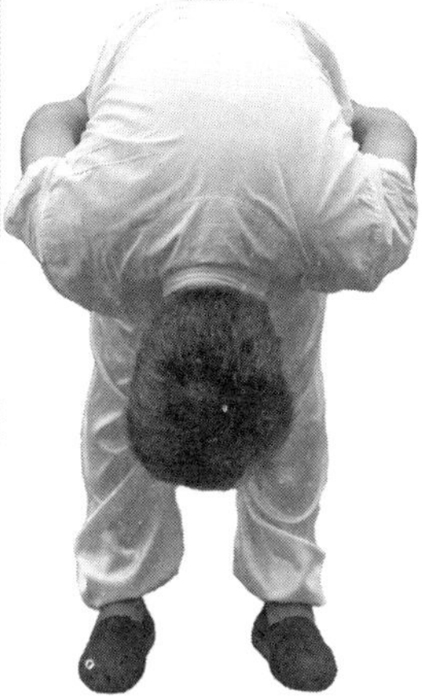

222

第十七势　鸟飞势

两目从两腿之间向后上视，两手引至近命门穴。223

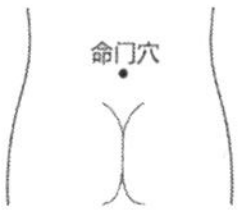

223

第十七势　鸟飞势

两目继续从两腿之间向后上视，两臂外上旋，想两手外劳宫穴相对。九呼吸。224

224

225
226
227
228

225

第十七势　鸟飞势

两目逐渐从后上视转为下视，上身慢慢抬起。225

第十七势　鸟飞势

两目逐渐向前视，沉肩。226

226

227

第十七势　鸟飞势

两目视向正前方，沉肘，两臂展平，掌心斜向下。227

第十七势　鸟飞势

两目平视前方，沉肩沉肘，然后想两手外劳宫穴，两臂向前抱。228

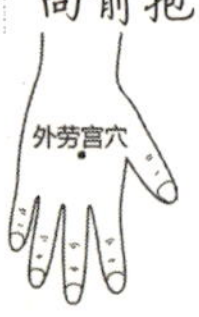

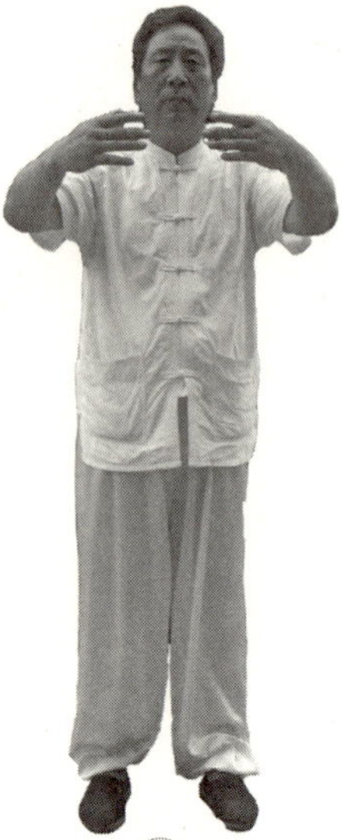

228

229

第十七势　鸟飞势

两目平视前方，沉肩沉肘，然后想两手外劳宫穴，两手内合于膻中穴。229

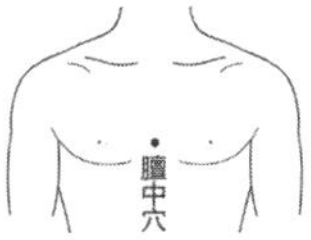

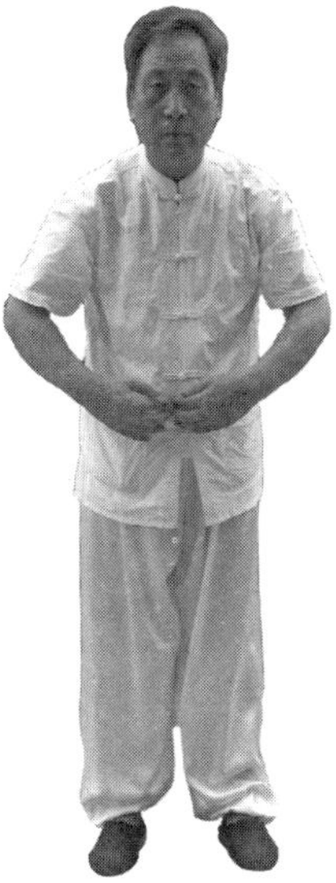

230

第十七势　鸟飞势

两目视前下方，沉肩沉肘，想合谷穴，两手自然下降。230

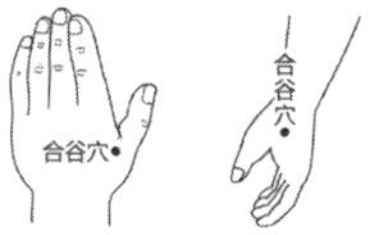

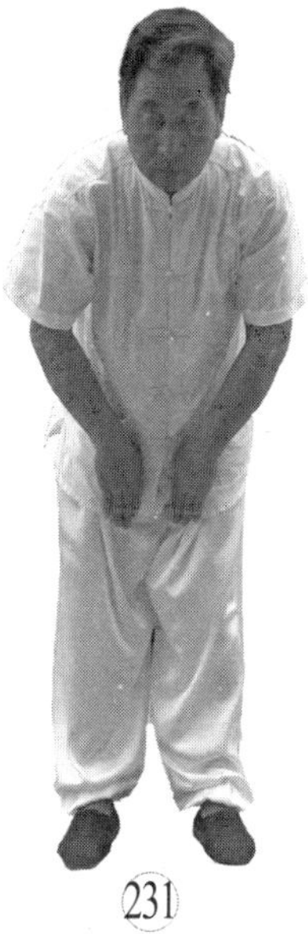

231

第十七势　鸟飞势

两目去视两脚，两手内劳宫穴去找气冲穴，身体微前俯。231

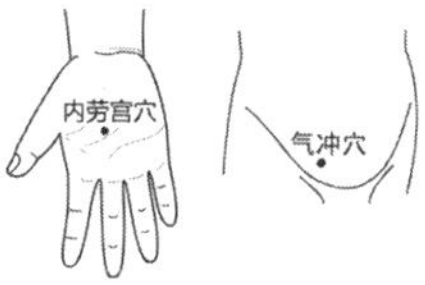

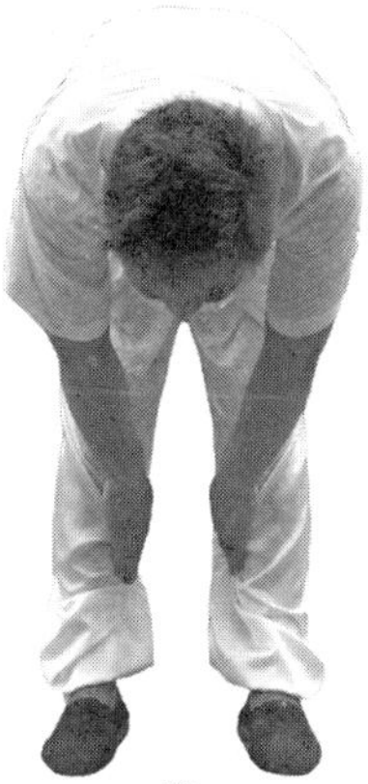

232

第十七势　鸟飞势

两目去视两脚中央，两手心顺两大腿内侧向下导至阴陵泉穴，身体前俯。232

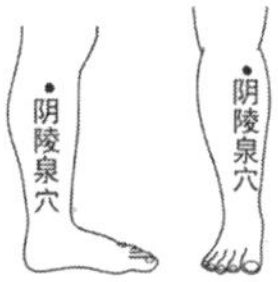

233
234
235
236

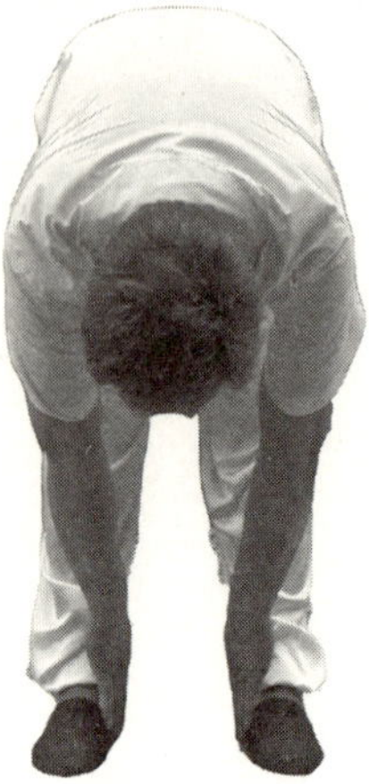

233

第十七势　鸟飞势

两目视向两脚跟，
两手下导至照海穴，
身体下俯。233

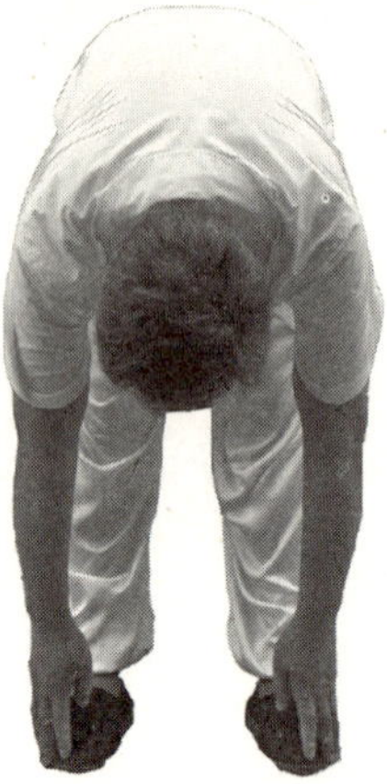

234

第十七势　鸟飞势

两目视向两脚跟，两手顺绕两脚掌向前外引导。234

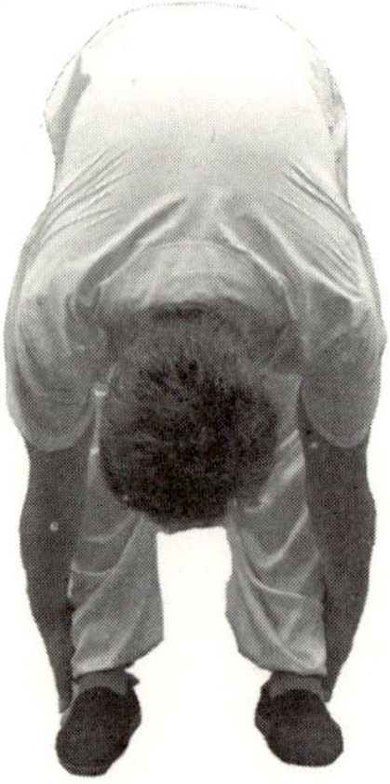

235

第十七势　鸟飞势

两目从裆下向后视，
两手引导至两脚跟，
头与上身靠向两腿间。235

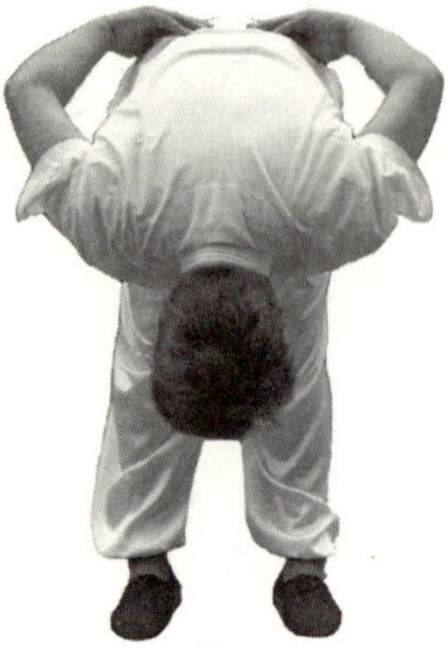

236

第十七势　鸟飞势

两目从裆下视向后方，两手经过承山穴与殷门穴引向近命门穴。236

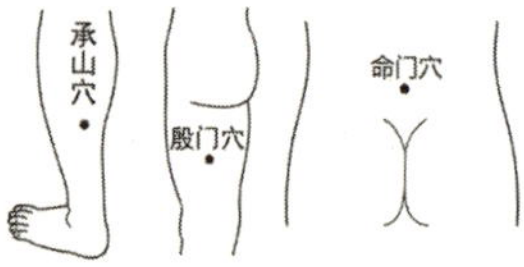

237

第十七势　鸟飞势

两目从裆下视后上方，头靠近两腿之间，两臂外旋展开，想两手外劳宫穴相对。九呼吸。237

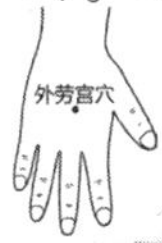

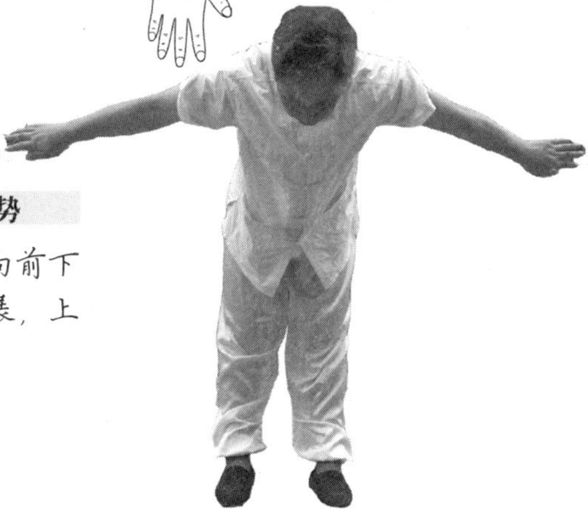

238

第十七势　鸟飞势

两目逐渐向下、向前下视，两臂自然外展，上身展抬。238

239

第十七势　鸟飞势

两目逐渐视向前方，上身立直，沉肩沉肘，然后想两手外劳宫穴，两臂自然展直，掌心向下。239

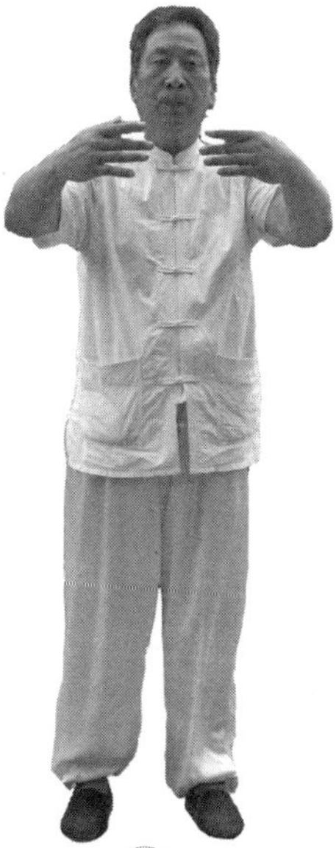

240

第十七势　鸟飞势

两目视正前方，沉肩沉肘，然后想两手外劳宫穴，两臂自然合抱。240

241
242
243
244

241

第十七势　鸟飞势

目视正前方，想两手外劳宫穴，两手自然合向膻中穴。241

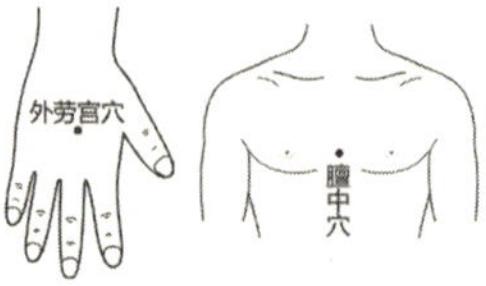

第十七势　鸟飞势

目视正前方，想两臂与两肘，两臂自然下落。242

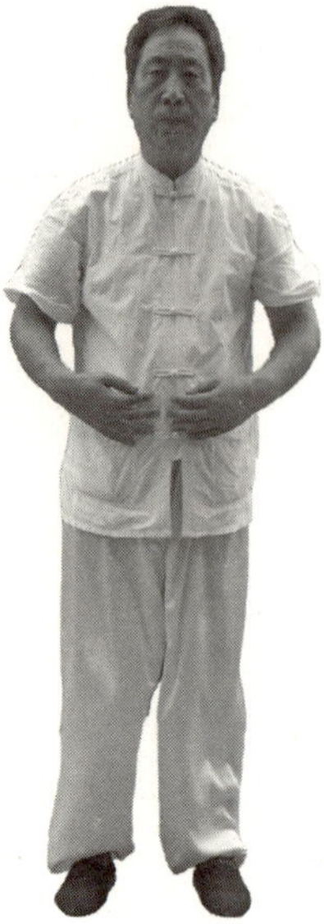

242

第十七势　鸟飞势

两目前下视，想两手合谷穴，两手自然去找两气冲穴。243

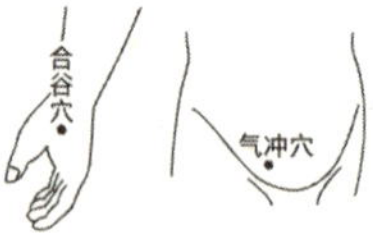

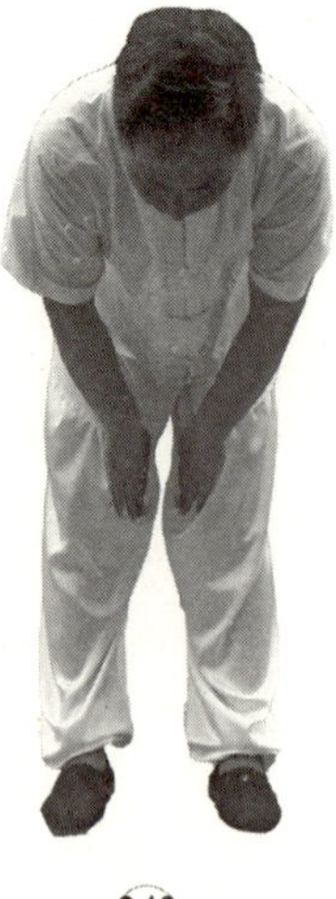

243

第十七势　鸟飞势

两目视向两脚跟内侧，两手顺两大腿内侧下导至照海穴。244

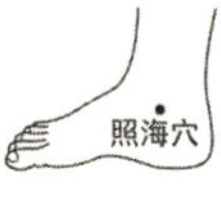

244

第十七势　鸟飞势

两目从裆下向后视，两手围绕两脚掌至脚尖处。245

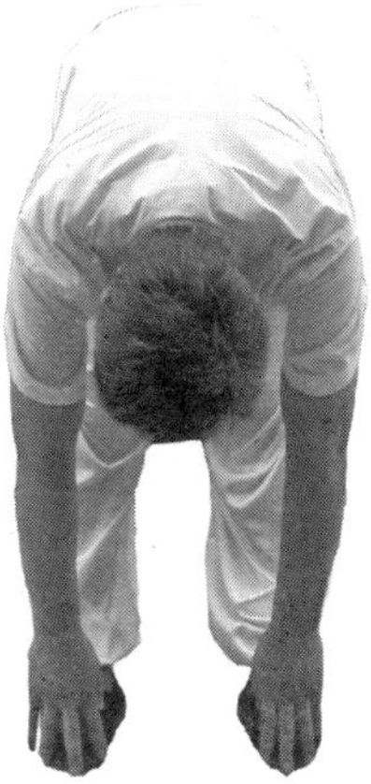

245

第十七势　鸟飞势

两目从裆下视向后方，上身下俯，两手围绕两脚掌至脚外侧。246

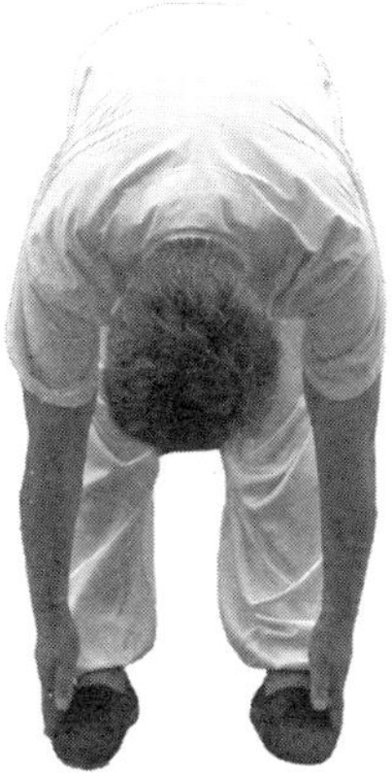

246

第十七势　鸟飞势

两目从裆下视后上方，两手围绕两脚至两脚跟外侧。247

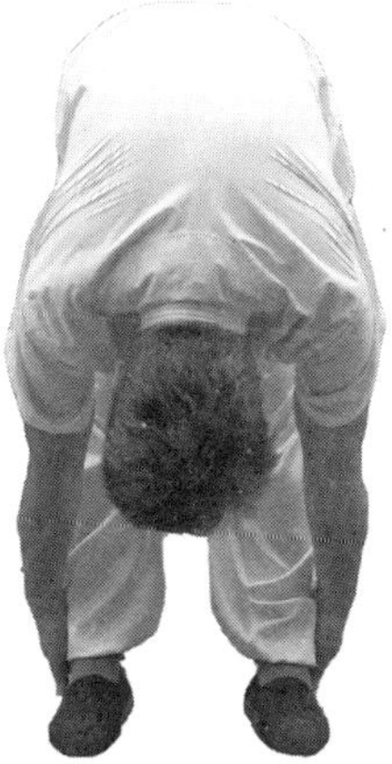

247

第十七势　鸟飞势

两目从裆下向后上方看，上身下俯，两手从腿后侧经承山穴上引至殷门穴。248

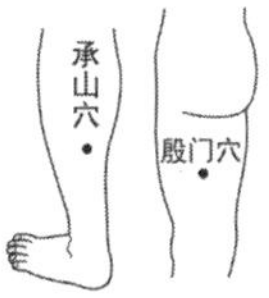

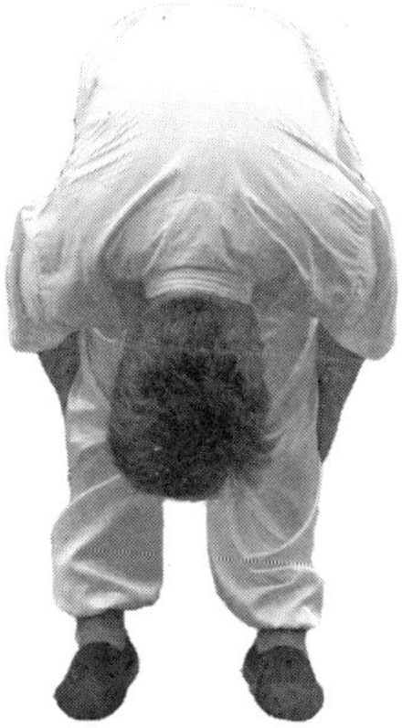

248

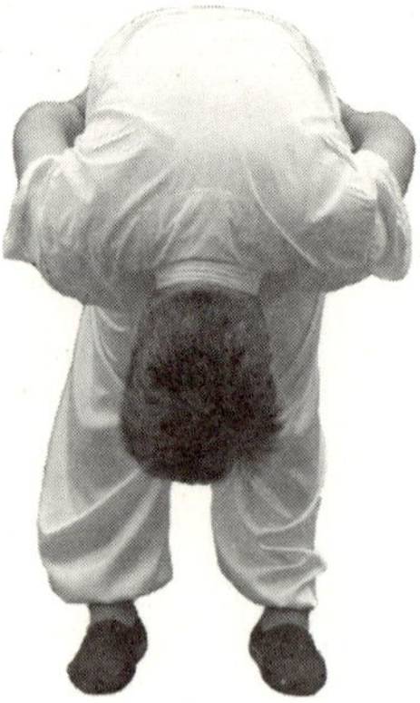

249

第十七势　鸟飞势

两目从裆下向后上方视，两手引导至尾底穴。249

250

第十七势　鸟飞势

两目从裆下视向后上方，头靠近裆部，两手引导至命门穴。250

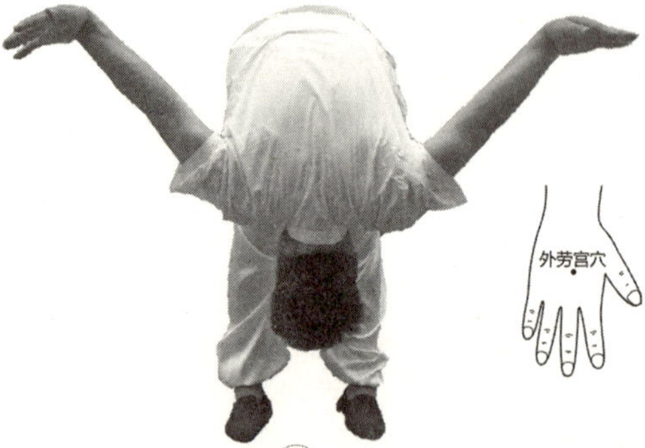

251

第十七势　鸟飞势

两目从裆下后上方视，上身靠近两腿，头贴近裆中，两臂外旋展开，想两手外劳宫穴相对。九呼吸。251

252

第十八势　六球找合势

两目逐渐从后、下视向正前方，上身立起，沉肩沉肘，然后想两手外劳宫穴，两臂自然展开。三呼吸。252

249
250
251
252

253

第十八势　六球找合势

两目平视正前方，想两眼球下落去找两肾球，身体自然下落形成下蹲式。九呼吸。253（可参考六球功法相关资料）

254

第十八势　六球找合势

两目平视正前方，想两肾球下找两睾丸，身体自然下落形成屈蹲。九呼吸。254

255

第十八势　六球找合势

两目视前方，想两睾丸下找照海穴，身体彻底下落，形成屈坐于两脚跟。九呼吸。255

256

第十八势　六球找合势

两目视正前方，想两睾丸上找两眼球，口发“嗨”音，身体自然立起。三呼吸。256

注：女性习练时则为眼球找乳房，乳房找肾球，肾球找照海穴，起来时，想肾球找眼球。

257
258
259
260

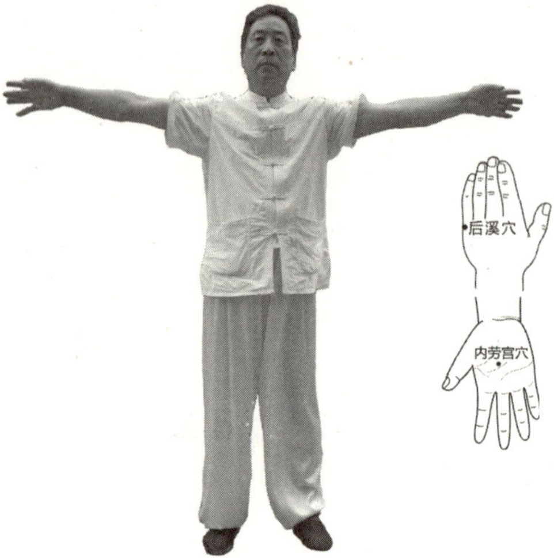

257

第十九势　伸筋拔骨

两目平行视向正前方，想两手后溪穴找内劳宫穴，两掌心自然转向上。257

第十九势　伸筋拔骨

两目逐渐视向头顶上空，两手从两侧找眼神，两臂自然抬托至头上方。258

258

第十九势　伸筋拔骨

两目逐渐视向正前方，想两手外劳宫穴，两手自然形成高空抱球势。259

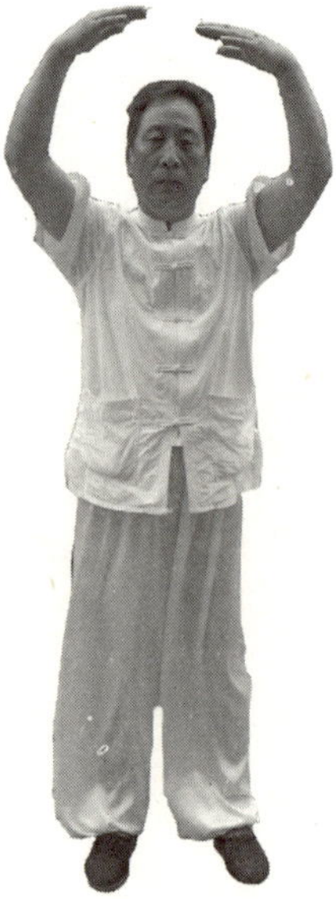

259

第十九势　伸筋拔骨

两目视正前方，想肩井穴、曲池穴、合谷穴，两臂与手自然下落，气入下丹田。260

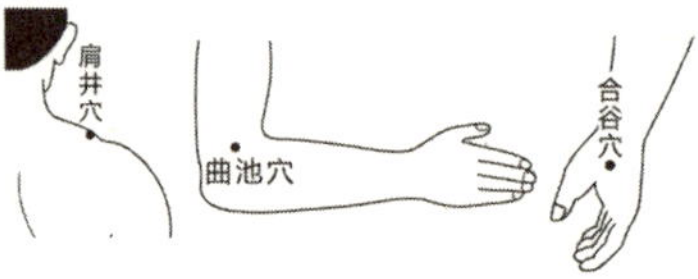

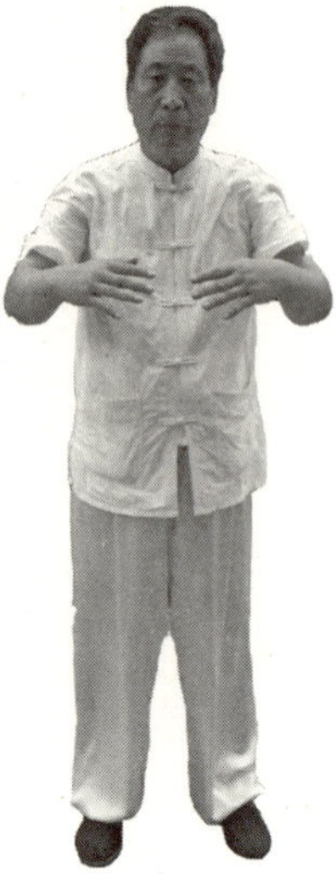

260

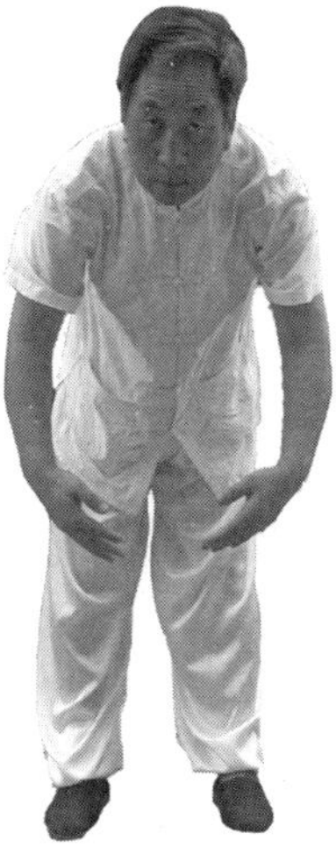

261

第十九势　伸筋拔骨

两目视正前方一个点，身体追眼神，上身逐渐前下俯，忘掉两手。261

第十九势　伸筋拔骨

两目仍然视正前方一个点，身体追眼神，上身继续前下俯，两掌心向上。262

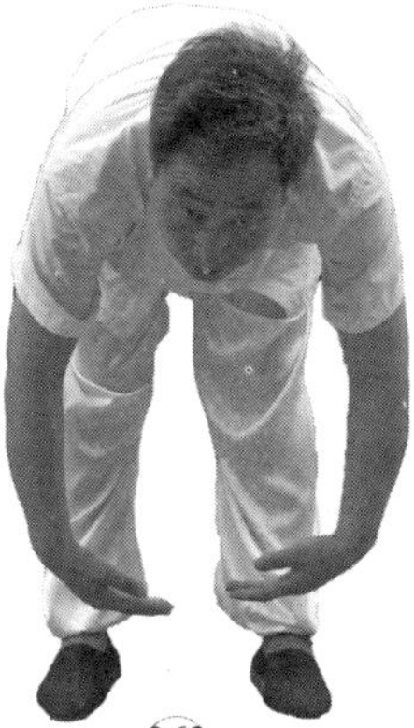

262

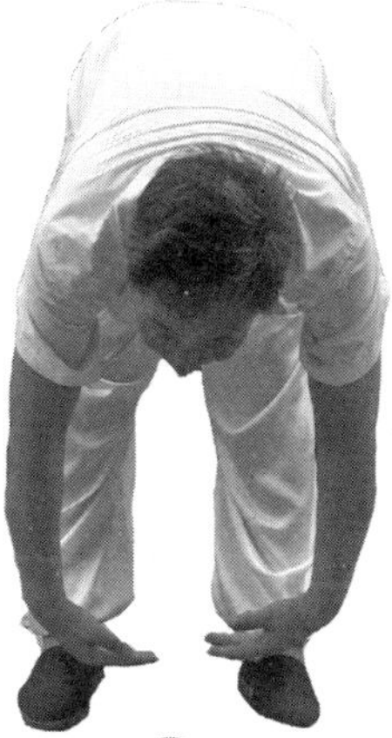

263

第十九势　伸筋拔骨

两目视点逐渐从正前方下降，再由两脚间中线回视向两脚内侧中间，身体前俯，两手背靠近两脚。263

第十九势　伸筋拔骨

两目从裆下向后视，上身下俯，两掌心向上。264

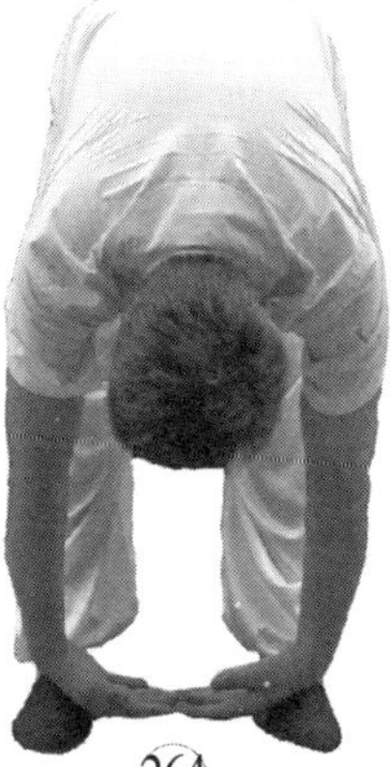

264

265
266
267
268

第十九势　伸筋拔骨

两目从后地平线处向上空视，上身贴近两腿，头处两腿之间，两目向上视天，两掌心向上重叠，左手在上。九呼吸。265

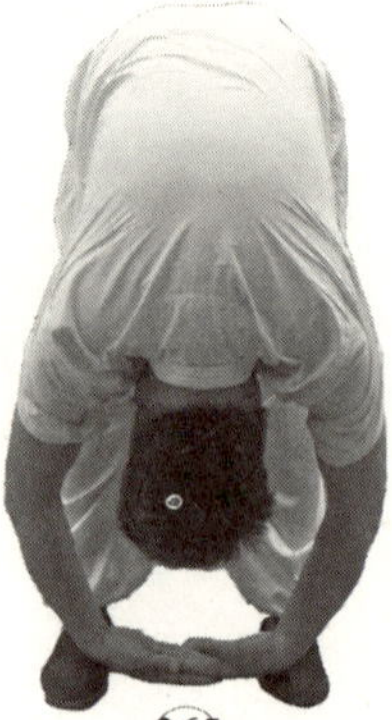

265

第十九势　伸筋拔骨

两目逐渐从裆中后方天空视向两脚，上身随着眼的回视慢慢抬起，两臂处于两腿外侧。266

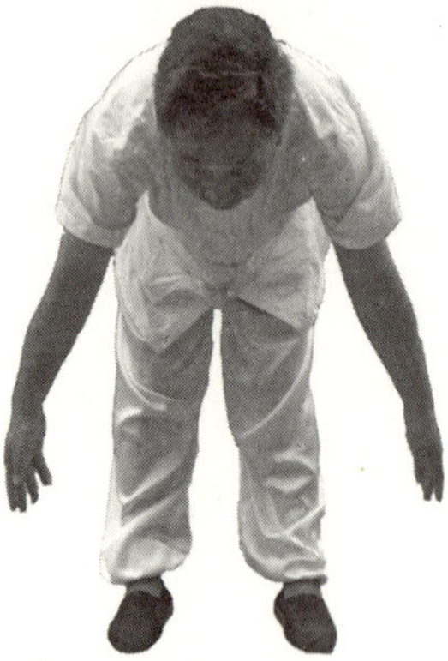

266

第十九势　伸筋拔骨

两目逐渐视向前方，上身逐渐立直，两臂随着眼神和身体立直旋转抬起。267

267

第十九势　伸筋拔骨

两目视正前方，身体立直，两臂旋托至身体两侧展直，掌心向上。三呼吸。268

268

269

第十九势　伸筋拔骨

两目仰视天空，两臂与手从身体两侧找追眼神，两目视向正前方，想两手外劳宫穴，自然形成上空抱球势。269

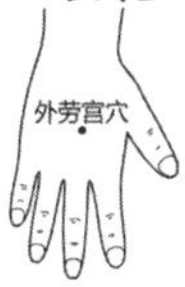

第十九势　伸筋拔骨

两目视正前方，想沉肩沉肘，两臂随着意念下降，气沉中丹田。270

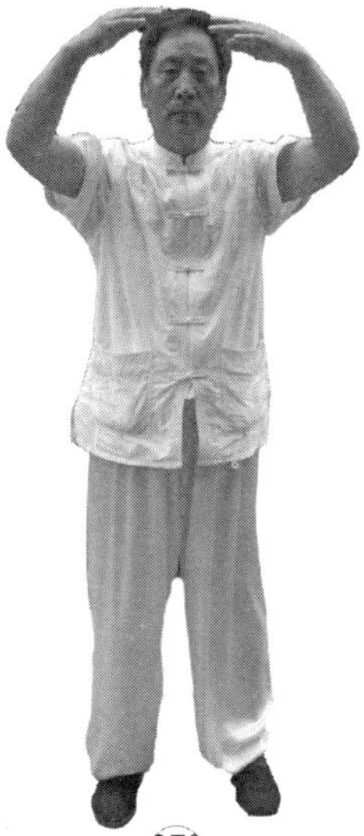
270

271

第十九势　伸筋拔骨

两目视正前方，想两手合谷穴，两手下降，气沉下丹田。271

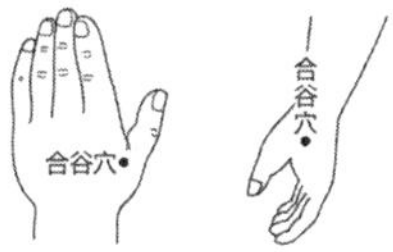

第十九势　伸筋拔骨

两目视正前方一个点，上身追眼神前俯，两臂呈抱球势下垂。272

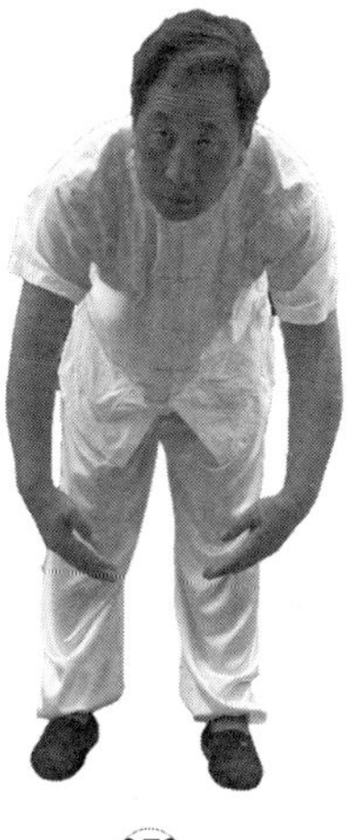
272

273
274
275
276

273

第十九势　伸筋拔骨

两目从正前方一个点下视，再经由两脚之间中线回视，上身前下俯，两手外劳宫穴贴近两脚面。273

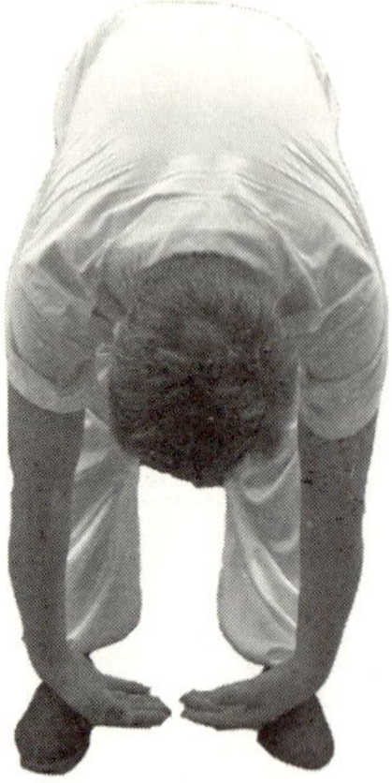

274

第十九势　伸筋拔骨

两目经两脚间从裆下向后视，上身下俯，想两手重叠。274

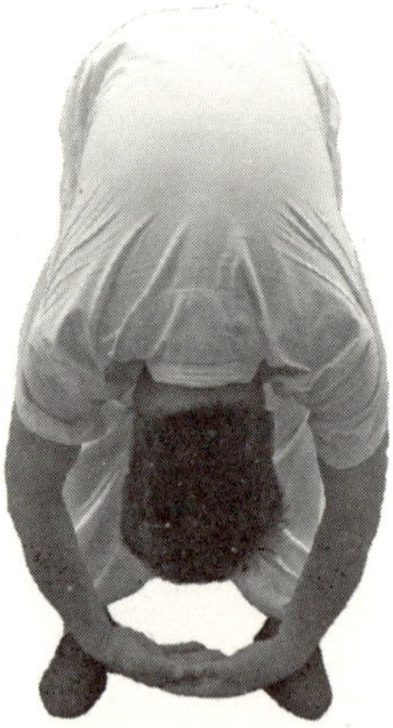

275

第十九势　伸筋拔骨

两目从裆下向后上视，头贴近两腿，两手重叠。275

第十九势　伸筋拔骨

两目经裆下向上空视，上身贴近两腿，头靠裆部，两手重叠，手背贴地。九呼吸。276

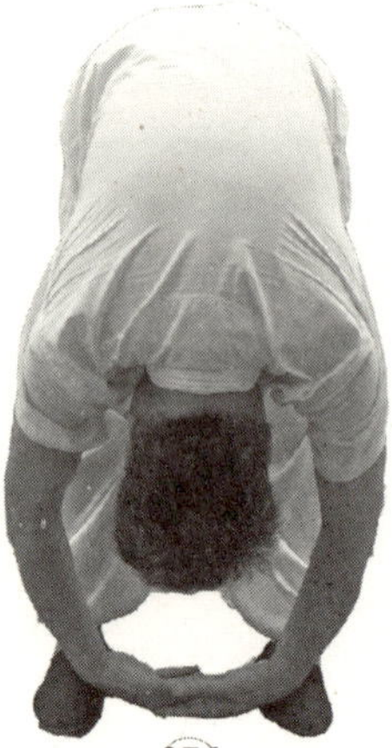

276

277

第十九势　伸筋拔骨

两目从上空逐渐回视后方、后下方、下方，上身慢慢抬起，两臂随上身抬起旋转展开。277

第十九势　伸筋拔骨

两目前下视，上身继续抬起，两臂随上身旋转展开。278

278

279

第十九势　伸筋拔骨

两目视正前方，身体立直，两臂外展。279

第十九势　伸筋拔骨

两目视正前方，两臂外旋转托起，掌心向上。280

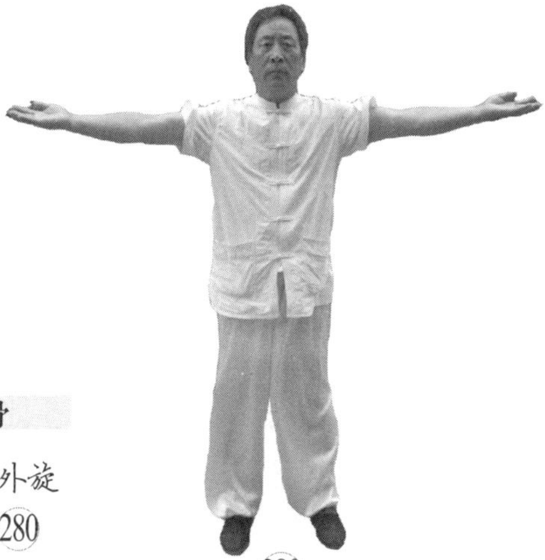

280

281
282
283
284

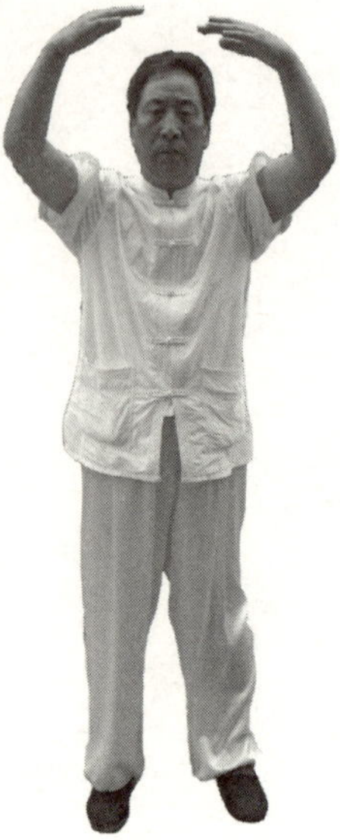

281

第十九势　伸筋拔骨

两目视头上方，两臂自然上抬追眼神于头两侧，想两手外劳宫穴，两目视正前方，两手形成头上空抱球势。281

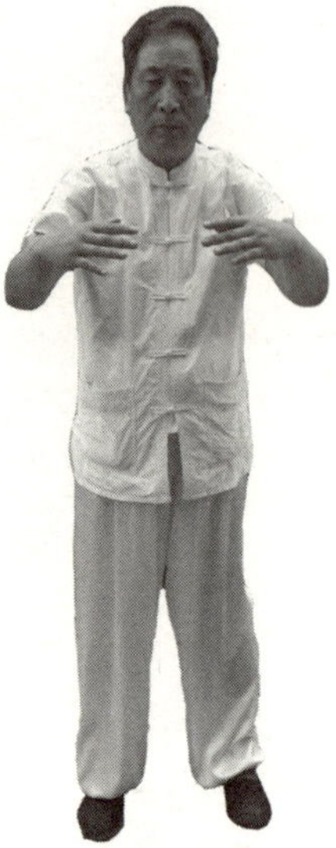

282

第十九势　伸筋拔骨

两目视正前方，想沉肩沉肘，两臂自然下降。282

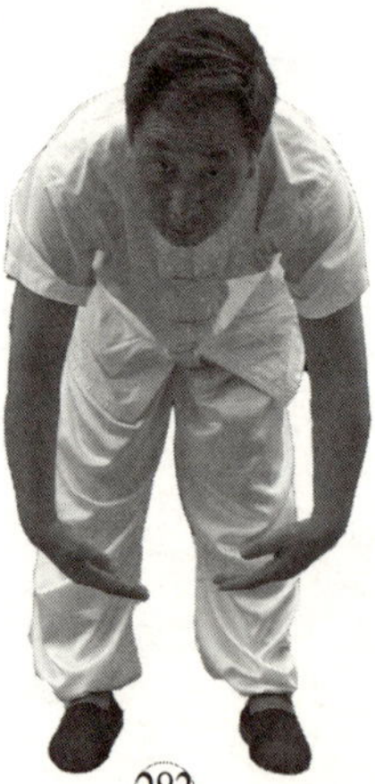

283

第十九势　伸筋拔骨

两目视前远方一个点，想两手外劳宫穴，两手与臂自然下垂，掌心向上，上身追眼神前俯。283

第十九势　伸筋拔骨

两目从前远方一个点下视，再经由两脚之间中线回视，上身追眼神，两臂自然下垂，掌心向上，手背贴近脚面。284

284

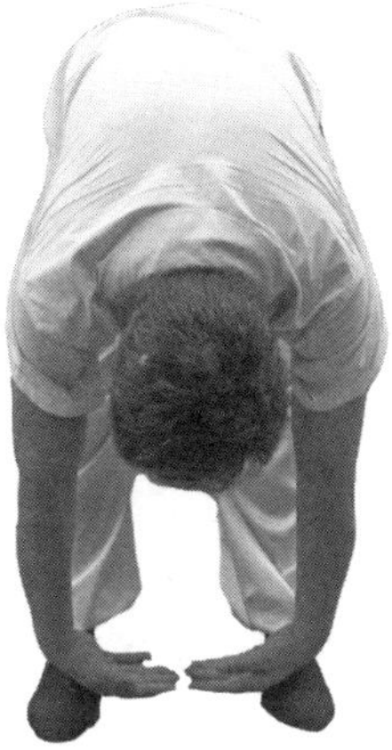

285

第十九势　伸筋拔骨

两目从裆下向后视，上身继续追眼神下俯，两手背贴近脚面。285

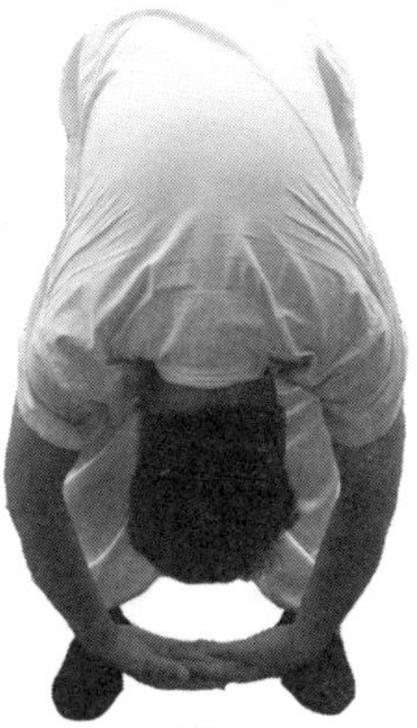

286

第十九势　伸筋拔骨

两目从裆下向后上空视，上身继续下俯，两掌心向上、重叠。286

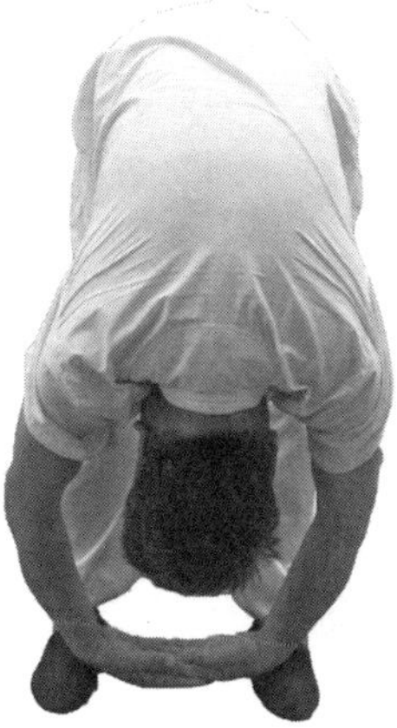

287

第十九势　伸筋拔骨

两目从裆下向上空视，百会穴对内劳宫穴，上身贴近两腿，头靠裆部。287

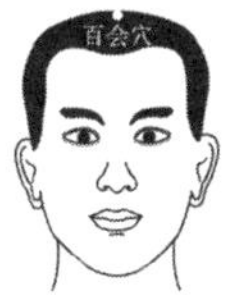

288

第二十势　大鹏展翅

两目逐渐从裆后上空、后上方、后方、后下方视向前下方，上身随眼神慢慢抬起，两臂外旋抬起。288

289
290
291
292

289

第二十势　大鹏展翅

两目视正前方，两臂内旋抬起。289

290

第二十势　大鹏展翅

两目平视正前方，两臂于身体两侧展平，掌心向下，沉肩沉肘，形成展翅。九呼吸。290

291

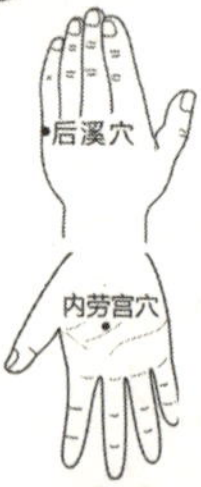

第二十一势　大鹏亮翅

两目平行视正前方，想后溪穴去找内劳宫穴，掌心自动转向上。沉肩沉肘，形成上亮翅。三呼吸。291

292

第二十一势　大鹏亮翅

两目平行视正前方，想两手内劳宫穴去找后溪穴，掌自动转向前，沉肩沉肘，形成前亮翅。三呼吸。292

第二十一势　大鹏亮翅

两目视正前方，想合谷穴找内劳宫穴，两掌心自动转向下。293

293

294

第二十一势　大鹏亮翅

两目视正前方，想后溪穴找外劳宫穴，两臂自动旋转，沉肩沉肘，掌心自动转向后，形成后亮翅。三呼吸。294

295

第二十二势　大鹏后翻翅

两目视正前方，想两手外劳宫穴去找合谷穴，两臂自动向后旋转，掌心向上，上身微前俯，形成后翻翅。三呼吸。295

296

第二十三势　分水势

两目视正前方，想两手后溪穴去找内劳宫穴，沉肩，两臂旋转，掌心自动转向后。296

297
298
299
300

297

第二十三势　分水势

两目视正前方，沉肩沉肘，两臂旋转，掌心向下。297

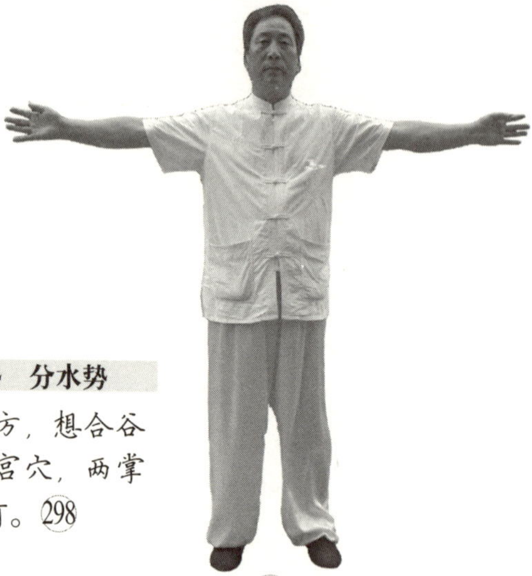

298

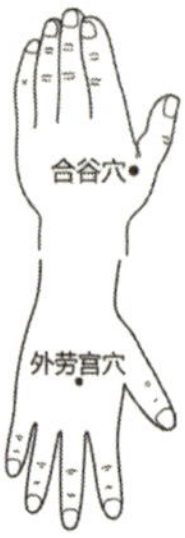

第二十三势　分水势

两目视正前方，想合谷穴去找外劳宫穴，两掌心自动转向前。298

299

第二十三势　分水势

两目平视正前方，沉肩沉肘，想合谷穴、外劳宫穴和脚底板，形成了分水势。九呼吸。299

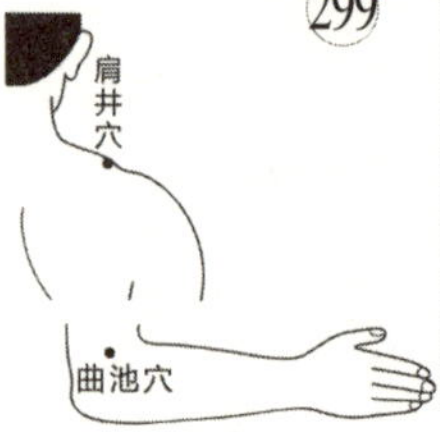

第二十四势　浑圆势

两目视正前方，先想两个肩井穴，然后想两个曲池穴，再想两个外劳宫穴，两臂与两手自动内合去抱。300

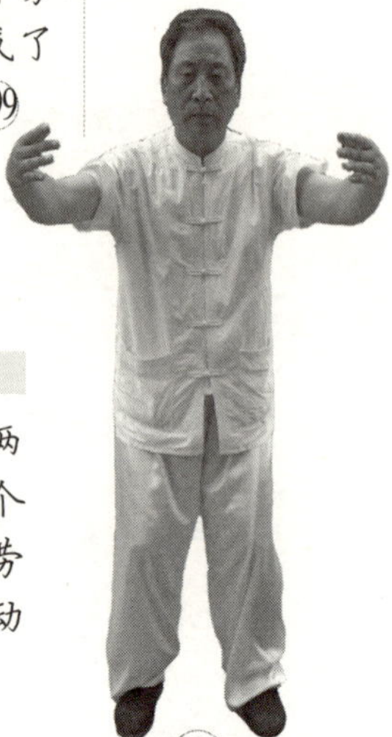

300

第二十四势　浑圆势

两目视正前方，先想两个脚底板，然后想两个膝盖，再想尾骶穴，身体自动下蹲屈，形成浑圆势。301

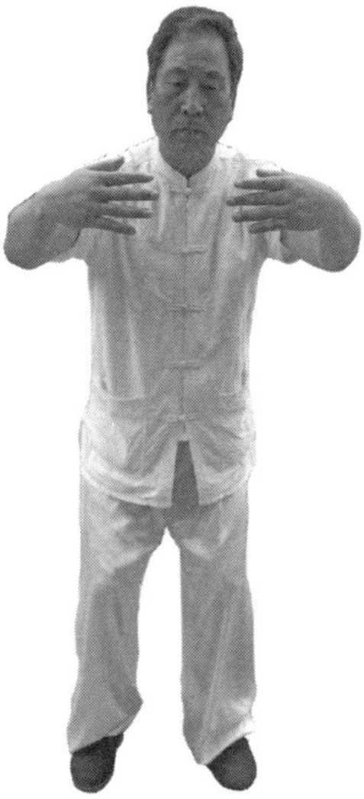

301

收势

两目视正前方，想两个曲池穴，身体逐渐立直。302

302

收势

两目视正前方，想沉肩，两臂自动下降与肚脐平。303

303

收势

两目视正前方，想两手外劳宫穴，两手继续下降于肚脐下。304

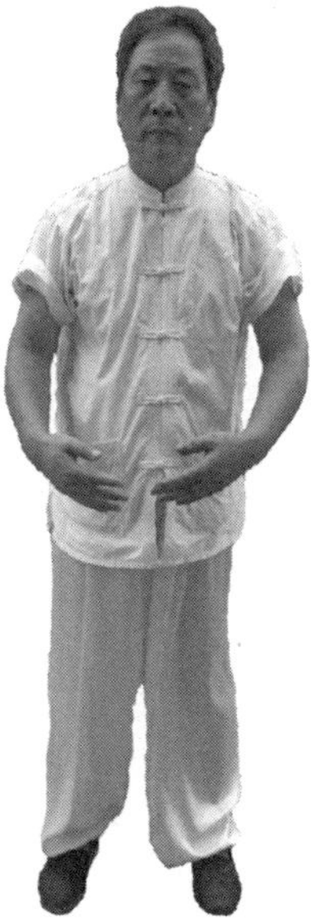

304

305 306 307 308

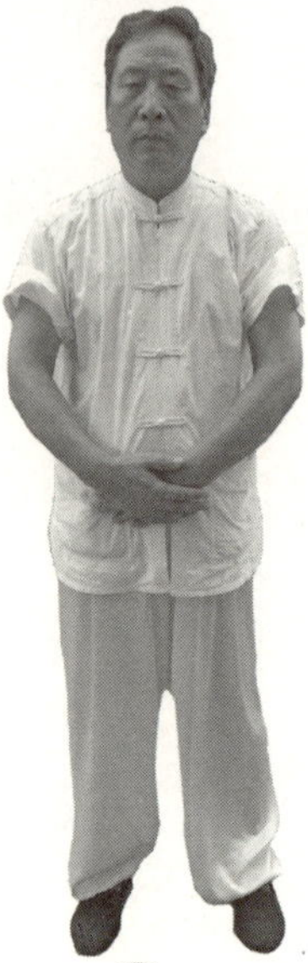

305

收势

两目视正前方，想两手合谷穴，两手自然重叠，男左手在内（女右手在内），拇指靠近肚脐下沿。305

收势

两目视正前方。自然三呼吸。306

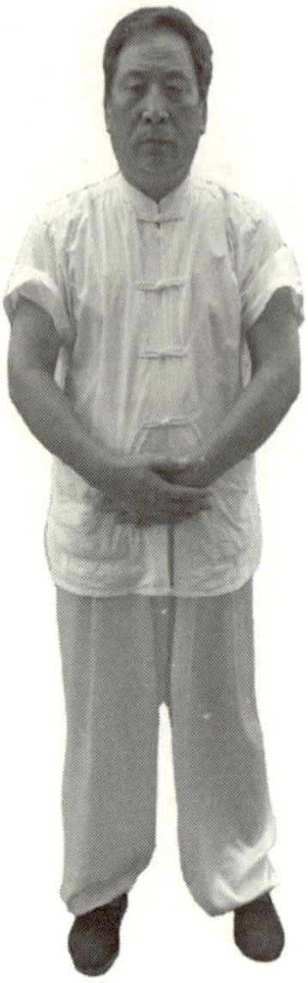

306

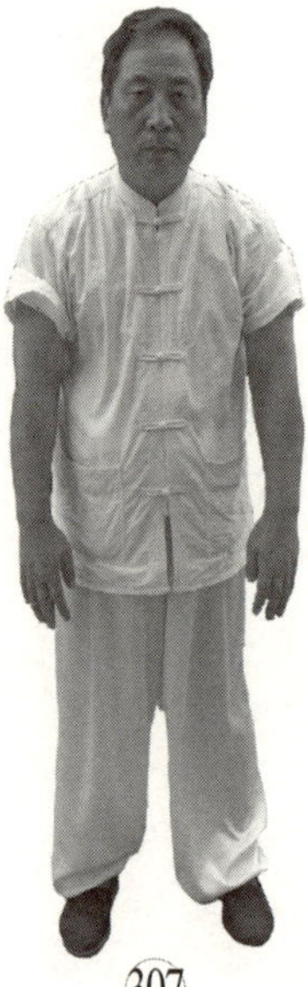

307

收势

两目视正前方，想两手合谷穴，两臂与两手自动下垂于身体两侧。完成正面收势，三呼吸。307

收势

两目视左手，左臂与手外旋转，掌心向左，两目逐渐从左侧向远方视，左臂追眼神，右臂自动跟着转抬。308

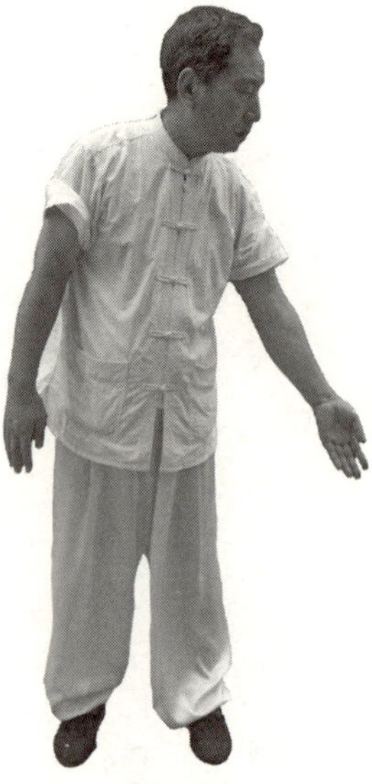

308

309

收势

两目逐渐从左远方视向天空，左手追眼神，右臂与手跟着转托起。309

收势

两目从左侧天空视向头顶上空，左臂与手追眼神，右臂与手自动跟着合抱到上空。310

310

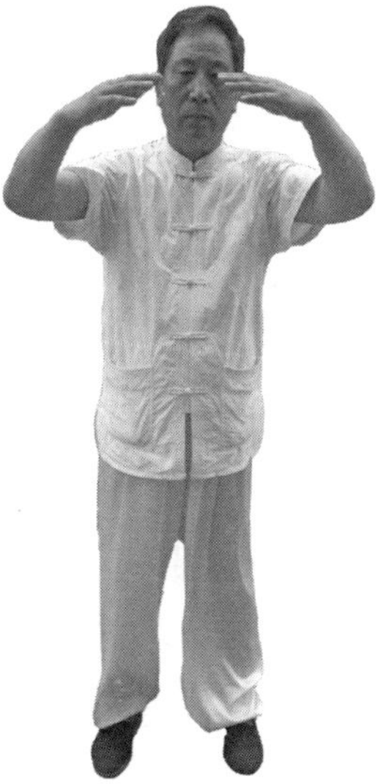

311

收势

两目视向正前方，两臂与手自动跟着下降与眼同高。311

收势

两目视正前方，想沉肩，两臂自动下降至膻中穴。312

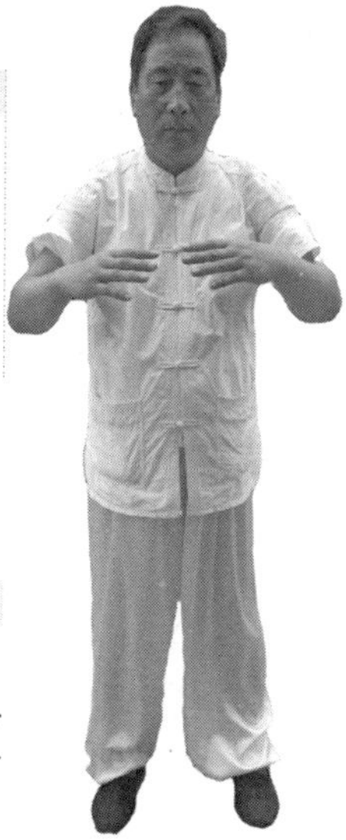

312

313
314
315
316

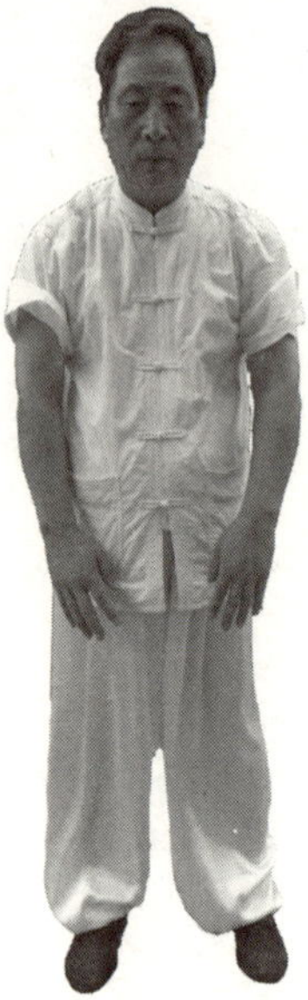

313

收势

两目视正前方，先想沉肘，再想两手合谷穴，两手自动下降至身体两侧，完成左侧收势。313

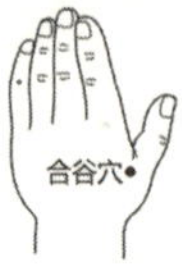

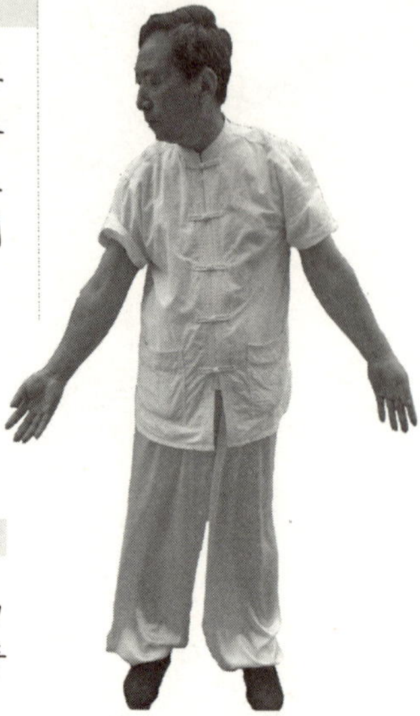

314

收势

两目视右手，右臂与手外旋追眼神，左臂与手自动跟着旋转。314

315

收势

两目视右远方，右臂与手追眼神与肩平，左臂与手自动跟着旋转托与肩平。315

316

收势

两目从右高空视向头顶上空，右臂与手追眼神，两臂与手自动托向高空。316

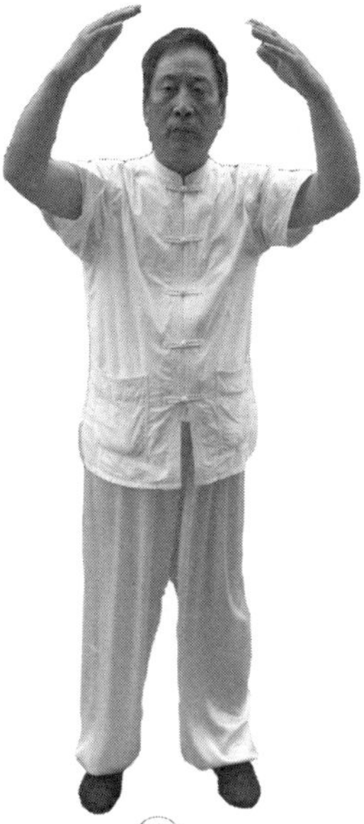

317

收势

两目视向正前方，两臂与手自然跟着下降至头两侧。317

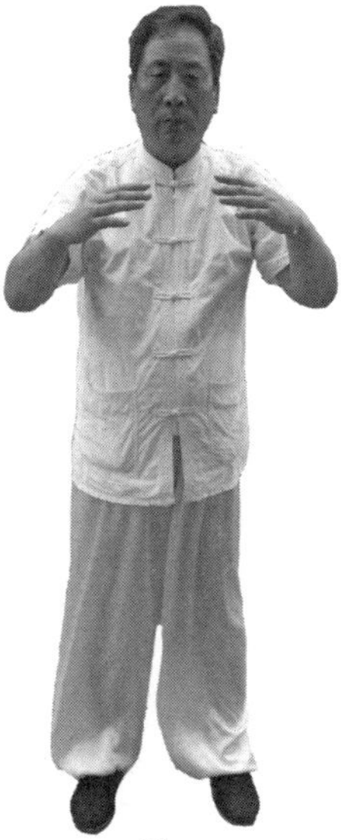

318

收势

两目视正前方，想沉肩，两臂与手自然下降与前胸平。318

319

收势

两目视正前方，想沉肘再想合谷穴，两手自动重叠下降至小腹，左手拇指靠近肚脐下沿。三呼吸。319

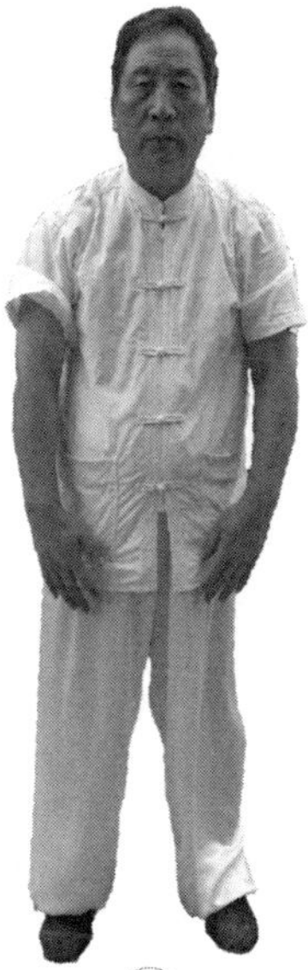

320

收势

两目视正前方，想两手合谷穴，两手自然下降。320

收势

两目视正前方，两臂与手下降于身体两侧，完成右侧收势。三呼吸。321

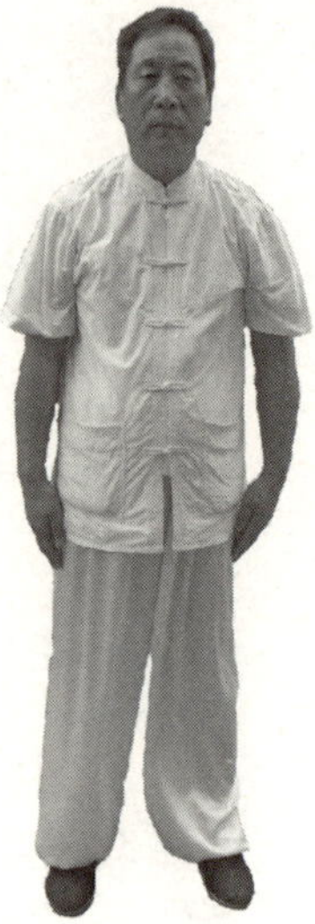

321